Heidelore Kluge
Hildegard von Bingen – Ernährungslehre

Hildegard von Bingen
Heidelore Kluge
Ernährungs-lehre

NEFF

Hinweis: Die Ratschläge und Empfehlungen dieses Buches wurden von Autor und Verlag nach bestem Wissen und Gewissen erarbeitet und sorgfältig geprüft. Dennoch kann eine Garantie nicht übernommen werden. Eine Haftung des Autors, des Verlags oder seiner Beauftragten für Personen-, Sach-, oder Vermögensschäden ist ausgeschlossen. In allen medizinischen Fragen ist der Rat des Arztes maßgebend.

NEFF ist ein Imprint der
VPM Verlagsunion Pabel Moewig KG, Rastatt
© by VPM Verlagsunion Pabel Moewig KG, Rastatt
Alle Rechte vorbehalten
Printed in Germany 1999
ISBN 3-8118-5883-1

Inhalt

Hildegard von Bingen – eine Pionierin der modernen Ernährungslehre	7
So ernährte man sich im Mittelalter	11
Leib und Seele gehören zusammen	15
Wie entstand Hildegards Ernährungslehre?	17
Vom bewußten Essen	19
Vier Elemente, vier Säfte	22
Die Lebensmittel der Hildegard-Küche	24

  Getreide 24 • Gemüse 29 • Früchte 45 • Fleisch 58
  Fisch 68 • Honig, Eier und Milcherzeugnisse 69
  Die Würzkräuter der heiligen Hildegard 72

Was Hildegard noch nicht kannte	89
Achten Sie bei Ihrer Ernährung auf die Tageszeit!	91
Ernährung im Einklang mit den Jahreszeiten	95
Kleiner Ernährungskalender für das ganze Jahr	97

  Januar 97 • Februar 100 • März 101 • April 103
  Mai 105 • Juni 106 • Juli 108 • August 108
  September 109 • Oktober 110 • November 111
  Dezember 113

Welche Getränke empfiehlt Hildegard von Bingen?	115

  Wein 116 • Bier 117

Auch das Fasten gehört zu einer gesunden Ernährung 119

Hildegard von Bingen – Kurzbiographie 123

Register 125

Hildegard von Bingen – eine Pionierin der modernen Ernährungslehre

Hildegard von Bingen war nicht nur eine Mystikerin, die Äbtissin eines Klosters, Beraterin von Kaisern und Königen, sondern auch Forscherin und Naturwissenschaftlerin. Entsprechend verbindet sich in ihren Werken eine tiefe Gläubigkeit mit einer genauen Beobachtungsgabe. Obwohl sie zu ihrer Zeit noch nichts über Vitamine, Eiweiße und andere Inhaltsstoffe unserer täglichen Nahrung wissen konnte, erfaßte sie durch Beobachtung und Intuition, welche Nahrungsmittel dem Menschen zuträglich oder schädlich sind.

Ihre Systematik – etwa die Unterscheidung in kalte und warme Speisen (siehe im Kapitel „Vier Elemente, vier Säfte", Seite 22) – ist eine andere als die heute bei uns gebräuchliche, in den meisten Fällen aber durchaus nachvollziehbar. Bei manchen Lebensmitteln mögen allerdings die Meinung Hildegards und die der modernen Ernährungswissenschaftler weit auseinandergehen. Hier kann nur empfohlen werden, nach dem eigenen Körpergefühl zu gehen und selbst nachzuspüren, was einem guttut und was nicht.

Hildegard war nie Dogmatikerin – im Gegenteil: Ihr wichtigster Leitspruch war der von der *discretio*. Das bedeutet, daß der Mensch in allem, auch in der Ernährung, *das rechte Maß* halten soll. Schon der griechische Arzt Hippokrates empfahl: „Die Nahrungsmittel sollen unsere Heilmittel sein – unsere Heilmittel sollen die Nahrungsmittel sein." Dies ist ein Leitspruch, den wir uns immer bewußt machen sollten – immerhin ist ein großer Prozentsatz der Erkrankungen in unserer westlichen Zivilisation ernährungsbedingt.

Hildegard von Bingen hat kein spezielles Werk über die Ernährungslehre geschrieben. Aber in vielen ihrer Bücher finden sich detaillierte Hinweise zur Ernährung von Gesunden und Kranken, mitunter sogar Kochrezepte.
Dabei hatte sie drei wesentliche Anliegen:

- Die Speisen sollen gesund oder sogar – im Krankheitsfalle – heilsam sein.
- Die Speisen sollen wohlschmeckend sein und den Menschen erfreuen, denn nur ein fröhliches Herz kann Gott in der rechten Weise dienen.
- Die Speisen sollen den Menschen in Einklang mit dem Kosmos – oder in ihren Worten: mit Gott – bringen. Deshalb empfiehlt sie, das Leben auf die Jahreszeiten abzustimmen, auch in der Ernährung.

Hildegard von Bingen weiß als Klosterfrau natürlich auch um die segensreiche Auswirkung des Fastens auf Körper, Seele und Geist – aber auch hier empfiehlt sie das rechte Maß. Übertriebene Askese und Selbstkasteiung können ihrer Meinung nach Gott nicht wohlgefällig sein, denn sie hindern den Menschen daran, hier auf Erden seinen Auftrag frohen Herzens zu erfüllen – nämlich Gott und den Mitmenschen zu dienen.

Die Ernährungslehre der Hildegard von Bingen enthält Elemente, die dem normalen Haushalt vielleicht nicht so vertraut sind – beispielsweise einige Kräuter oder Getreide usw. Andererseits rät sie von verschiedenen Nahrungsmitteln ab, die uns selbstverständlich geworden sind – etwa von Erdbeeren. Mit den Nahrungsmitteln sollte mit der von ihr so stark betonten *discretio* umgegangen werden. Wenn Sie Ihre Ernährung umstellen, wählen Sie am besten den sanften Weg, um so Ihre Familie von den Vorteilen der Hildegard-Küche überzeugen zu können. Stellen Sie die Ernährung langsam um, Schritt für Schritt. In einem späteren Band werden detaillierte Hinweise und Rezepte gegeben, die zeigen, daß die Ernährung nach den Richtlinien Hildegards nicht nur gesund, sondern auch wohlschmeckend und überaus abwechslungsreich sein kann!

So ernährte man sich im Mittelalter

DIE UNS erhaltenen Quellen über die Eßgewohnheiten im Mittelalter beziehen sich in der Hauptsache auf das Leben an den Fürsten-, Königs- und Kaiserhöfen. Dort waren natürlich mehrgängige Speisefolgen üblich, die zu einem großen Teil aus Fleisch – vor allem vom Wild – und Fisch bestanden. Brot gehörte selbstverständlich zu jeder Mahlzeit, da die Kartoffel ja noch unbekannt war. Bereits damals gab es zahlreiche Brotsorten aus den verschiedensten Mehlen, wobei „bei Hofe" natürlich Backwaren aus dem feineren Weizenmehl bevorzugt wurden.

Das Essen war reichlich und üppig und wurde mit Wein und Bier heruntergespült. Frisches Gemüse und Kräuter waren eine willkommene Bereicherung, außerdem waren Früchte als Ergänzung in frischer oder konservierter Form (eingemacht oder getrocknet, oft auch kandiert) beliebt. Insgesamt allerdings wurde an den meisten Höfen nicht nur zuviel, sondern auch zu fett gegessen – daraus entstanden viele ernährungsbedingte Krankheiten, vor allem die Gicht.

Als besonders delikat und luxuriös galten übrigens ausgefallene Fleischarten, die uns heute als ungenießbar erscheinen, z. B. gebratener Schwan oder Pfau. Hildegard empfiehlt sogar als besonders gesundheitsfördernd das Straußenfleisch! Von den Römern war die (Un-)Sitte übernommen worden, alle Gerichte möglichst stark zu würzen – nicht zuletzt, um dadurch zu zeigen, daß man sich die teuren ausländischen Gewürze wie Zimt, Pfeffer, Safran und Nelken leisten konnte. Dabei wurde meistens recht wahllos mit diesen Gewürzen umgegangen, so daß die Gerichte selbst den bescheidensten kulinarischen Ansprüchen unserer Zeit nicht gerecht werden würden.

Anders sah es beim „einfachen Volk" aus, das den überwiegenden Teil der Bevölkerung ausmachte. Die Bauern mußten entweder dem Grundherrn oder dem Kloster, dem sie sich unterstellt hatten, Abgaben in Form von Naturalien und Diensten leisten, so daß ihnen oft genug kaum das Lebensnotwendige übrigblieb. Sie waren froh, wenn es zum täglichen Getreidebrei reichte oder sogar zu einem gebackenen Brot. Beides mußte in schlechten Zeiten mit gemahlenen Eicheln oder mit den mehligen Früchten des Weißdorns gestreckt werden. Als Gemüse gab es im besten Fall Kohlgemüse oder Hülsenfrüchte. Die Gartenkultur, wie wir sie heute kennen, war bei der armen Landbevölkerung des Mittelalters noch so gut wie unbekannt.

Deshalb war man froh, wenn man auf die Schätze der Natur zurückgreifen konnte – auf Wildfrüchte und -gemüse, auf die ersten frischen Kräuter, auf Nüsse und Pilze. Fleisch kam nur selten auf den Tisch. Die Waidgerechtigkeit – das Recht, Wild in den Wäldern zu jagen – lag bei den Grundherren und konnte nur durch Wilddieberei (die schwer bestraft wurde) umgangen werden. Und die Kuh oder Ziege, die ein Bauer eventuell hielt, war in erster Linie zur Milchproduktion da.

Trotzdem ernährten sich die Bauern – wenn sie nicht gerade hungern mußten, weil die Abgaben zu drückend waren oder es eine Mißernte gegeben hatte – wesentlich gesünder als die Fürsten. Getreide, Kräuter, Wildgemüse und -früchte sind auch nach den Erkenntnissen unserer modernen Ernährungswissenschaft eine ideale Grundlage für eine gesunde Ernährung.

Ganz anders sah es in den Klöstern aus. Zum einen wurden dort die vielen Fastentage, an denen man entweder gar nichts oder zumindest kein Fleisch essen durfte, streng eingehalten. Zum anderen waren die Klöster meistens gut mit allen notwendigen Lebensmitteln versorgt – entweder durch die Bauern, die sich in ihre Obhut begeben und so ein leichteres Los hatten als unter der Herrschaft ihrer früheren Grundherren, oder durch eigenen Anbau. Die Gartenkultur war in den Klöstern des Mittelalters schon recht weit entwickelt. Das hatte seinen Grund nicht zuletzt darin, daß man auf die Aufzeichnungen römischer Naturwissenschaftler und Gartenkünstler zurückgreifen und diese erweitern und vervollkommnen konnte.

Die Klöster hatten neben ihrer geistlichen Aufgabe meistens die Pflicht, als Herbergen zu dienen – sowohl für durchreisende Fürsten als auch für reisende Mönche und arme Wanderer. Das bedeutete, daß Küche und Keller immer gut gefüllt sein mußten. Eine weitere Aufgabe der Klöster war die Gesundheitspflege – meistens gab es sogar eine Art Krankenhaus. Da Gesundheit sehr eng mit der richtigen Ernährung verbunden ist, was man damals in diesen Kreisen durchaus schon wußte, wurde viel Wert auf die Auswahl der richtigen und bekömmlichen Nahrungsmittel gelegt. Wie dieses Buch zeigt, hat auch Hildegard von Bingen sich ausführlich mit dieser Thematik beschäftigt. Man kann also die Klöster des Mittelalters als die „Wiege der gesunden Eßkultur" betrachten.

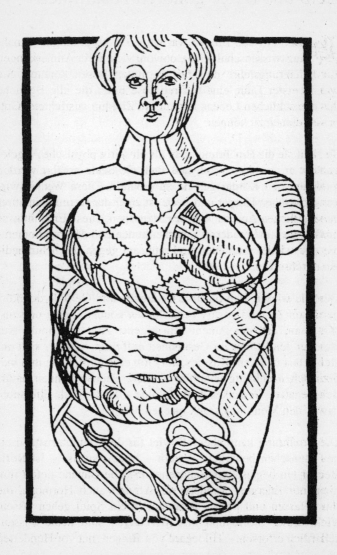

Leib und Seele gehören zusammen

HILDEGARD von Bingen war keine Ökotrophologin (Ernährungswissenschaftlerin), obwohl viele ihrer Anmerkungen zur Ernährungslehre dies fast vermuten lassen könnten. Sie war in erster Linie eine tief religiöse Frau, die alle Bereiche des menschlichen Lebens nur auf ein Ziel hin ausrichtete: Gott besser dienen zu können.

So sieht sie die Ernährung nicht als einseitig physische Angelegenheit an, sondern weiß, daß auch die Seele ernährt werden muß, um den Körper gesund zu erhalten. Diese Wechselwirkung zwischen Körper und Seele ist einer der Kernpunkte ihrer ganzheitlichen Anschauung des Menschen. Diese Erkenntnisse mußten sich die moderne Naturheilkunde und die Psychotherapie erst wieder erarbeiten und mühsam gegen die Schulmedizin durchsetzen.

Wir alle wissen, daß positive Gedanken und Gefühle den körperlichen Zustand positiv beeinflussen können. Nicht umsonst sagt man, daß der Patient sein eigener Arzt sein muß: Nur wenn er den Willen zur Gesundheit aufbringt, wenn er sich mit sich selbst und dem Kosmos, mit Gott eins fühlt, kann ihm medizinisch nachhaltig geholfen werden. Ebenso können natürlich negative Gedanken und Gefühle – Haß, Neid, Eifersucht usw. – den Menschen krank machen.

Die Ernährung kann ebenfalls viel für den Gemütszustand eines Menschen bewirken. Warum – beispielsweise – ist Boris Becker ein begeisterter Bananenesser? Die Banane liefert ihm nicht nur Energien, sondern sie aktiviert auch Hormone, die ihn gelassen und positiv gestimmt in ein Spiel gehen lassen. Viele dieser Stoffe und ihre Wirkungen sind heute wissenschaftlich erforscht – Hildegard von Bingen hat vor Hunderten von Jahren bereits intuitiv einige dieser Eigenschaften erkannt. Wenngleich manches uns heute nicht mehr zeitgemäß erscheint – so war sie doch eine Vorreiterin der modernen ganzheitlichen Sicht des Menschen, nicht zuletzt in der Ernährungslehre.

„Die Seele gleicht dem Feuer, der Körper aber dem Wasser, und beide bestehen gemeinsam, denn der Mensch ist ein Geschöpf Gottes. Der Körper ist voller Verlangen, die Seele aber ist das Schaffende. Deshalb ist die Seele mächtiger als der Körper, weil sie sein Verlangen stillt."

Wie entstand Hildegards Ernährungslehre?

HILDEGARD von Bingen hat kein spezielles Werk zur Ernährung geschrieben. Vielmehr sind alle Angaben in diesem Buch verschiedenen anderen Schriften entnommen, in denen sie darauf eingeht, wie wichtig eine ausgewogene Ernährung für die seelische und körperliche Gesundheit des Menschen ist.

In der Hauptsache wird Bezug genommen auf zwei ihrer wesentlichen Werke:

- *Causae et curae* (Die Ursachen der Krankheiten und ihre Heilung)
  In diesem aus fünf Teilen bestehenden Buch spannt Hildegard einen weiten Bogen von der Erschaffung der Welt über die Beschaffenheit des Menschen (wie etwa dessen Temperamente und Körpersäfte) bis hin zu detaillierten Angaben zu einer gesunden Lebensweise ganz allgemein. Im Anschluß daran geht sie auf die einzelnen Krankheiten ein und gibt dabei auch Ernährungshinweise.

- *Physica* (Naturlehre)
  Dieses Werk besteht aus insgesamt neun Teilen, in denen Hildegard sich mit Pflanzen, Elementen, Bäumen, Edelsteinen, Fischen, Vögeln, Reptilien und anderen Tieren sowie Metallen beschäftigt. Diese werden ebenfalls nach ihrer Zuträglichkeit für die menschliche Gesundheit betrachtet.

Aber natürlich sind nicht nur die naturwissenschaftlichen Schriften der Hildegard von Bingen im Zusammenhang mit der Ernährungslehre wichtig. Auch in ihren theologischen Werken weist sie immer wieder darauf hin, daß das rechte Maß – die *discretio* – wie in allen anderen Lebensbereichen so auch in der Ernährung von größter Bedeutung ist.

So ernähren Sie sich richtig und gesund

OBWOHL Hildegard von Bingen nie ein Kochbuch geschrieben hat, wußte sie doch genau, wie wichtig eine richtige Ernährung für die innere und äußere Gesundheit des Menschen ist.

„Wann auch immer der Körper des Menschen ohne Diskretion ißt oder trinkt oder etwas anderes dieser Art verrichtet, werden die Kräfte der Seele verletzt."
Deshalb finden wir in Hildegards Schriften immer wieder sehr detaillierte Hinweise zur Ernährungslehre. Im Mittelpunkt steht dabei das Prinzip der *discretio*, denn „die Seele liebt das vernünftige Maß, und Essen und Trinken können ihr bei Unmäßigkeit Schaden zufügen".
Genauso wie äußere Ereignisse, seelische Schwierigkeiten usw. uns „auf den Magen schlagen", kann eine falsche Ernährung im Umkehreffekt negative seelische Auswirkungen haben. Dagegen kann eine richtige Ernährung nicht nur die Gesundheit stärken, Krankheiten vorbeugen oder sogar lindern und mitunter heilen – sie kann auch auf unsere Gemütsverfassung positiv Einfluß nehmen.
Wenn Hildegard von Bingen von der *discretio* in der Ernährung spricht, meint sie damit durchaus keine kärglichen Mahlzeiten, sondern eine ausgewogene Ernährung, damit es dem Menschen „nicht an der Freude der Seele ermangele".

Vom bewußten Essen

WENN ESSEN mehr sein soll als ein bloßes Lebenserhaltungssystem, wenn es mit Genuß, mit gesundheitlichem Wert für Körper und Seele verbunden sein soll, reicht es nicht aus, möglichst „richtige" Nahrungsmittel zu sich zu nehmen, man sollte diese auch in der richtigen Weise würdigen und genießen.

In der Kantine, bei einem Arbeitsessen oder bei einem kleinen Imbiß zwischendurch wird dies meistens nicht möglich sein. Aber zu Hause, in Ihrem eigenen, ganz privaten Umfeld können Sie die Mahlzeiten ganz bewußt gestalten. Das beginnt schon bei der Zubereitung:

- Selbst wenn es abends Fast food aus der Dose oder aus der Tiefkühltruhe gibt, bereiten Sie das Essen mit Liebe zu.

- Denken Sie dabei daran, daß Sie sich selbst und Ihrer Familie etwas Gutes tun wollen, und zwar nicht nur für den Leib, sondern auch für die Seele.

- Wenn Sie aus Zeitmangel nicht die ganze Mahlzeit selbst zubereiten können, haben Sie vielleicht die Möglichkeit, einen frischen Salat vorweg zu machen oder etwas frisches Obst für den Nachtisch herzurichten.

- Decken Sie den Tisch so schön wie möglich – mit Servietten, Blumen, einer Kerze.

- Lassen Sie sich während der Mahlzeiten nicht stören – vor allem nicht durchs Telefon. Sollte ein unangemeldeter Besucher kommen, legen Sie einfach ein zusätzliches Gedeck auf, so war es auch zu Hildegards Zeit in den Klöstern üblich.

Dazu gibt es ein hübsches Sprichwort: „Fünf waren geladen, zehn sind gekommen. Tu Wasser zur Suppe – heiß alle willkommen."

- Besonders wichtig ist es, daß vor der Mahlzeit ein Augenblick der Stille eintritt. Zum einen ist es nämlich nicht selbstverständlich, daß wir uns zu Tisch setzen und satt zu essen haben, deshalb ist ein Moment des dankbaren Innehaltens durchaus angebracht. Zum anderen müssen Körper und Seele zur Ruhe kommen können, damit die Mahlzeit auf beide auch die richtige Wirkung hat.

- Am besten eignet sich dazu ein Tischgebet. Diese schöne Sitte ist uns modernen Menschen, die oft weder eine religiöse Erziehung noch eine kirchliche Bindung haben, leider abhanden gekommen. Dabei hat dieses Gebet nicht nur einen religiösen, sondern auch einen diätetischen Sinn – nämlich: Körper und Seele vor dem Essen zur Ruhe kommen zu lassen.

- Wenn Sie kleine Kinder haben, wird es Ihnen leichtfallen, diese Sitte einzuführen, die nicht nur den Kindern, sondern auch Ihnen selbst einen Ruhepunkt bietet. Übrigens gibt es auch sehr schöne, nicht religiöse Tischsprüche. (Naturgemäß wird sich die Sitte des Tischspruches mit dem Größerwerden der Kinder verflüchtigen – das ist nun einmal so, und man muß es akzeptieren. Zwang wäre hier das falscheste Mittel.)

- Oft ist es so – weil diese Mahlzeit meistens die einzige gemeinsame des Tages ist –, daß alle zur gleichen Zeit etwas erzählen wollen und dabei das Essen einfach hinunterschlingen. Hier hat sich ein kleiner Trick bewährt: Stellen Sie eine Eieruhr auf den Tisch. Bis der Sand durchgelaufen ist, wird nicht geredet, nur in Ruhe gegessen. Während dieser Zeit kann jeder seine Gedanken sammeln und danach viel ruhiger von seinen Erlebnissen und Problemen erzählen.

- Achten Sie darauf, daß jeder seinen Teller und sein Besteck selbst abräumt, so daß der Tisch auch nach dem Essen wieder einen angenehmen Anblick bietet.

- Und: Wenn es jemandem nicht geschmeckt hat, fragen Sie ihn nach seinen Vorlieben, und richten Sie sich von Zeit zu Zeit nach den Wünschen der Familie. Das gesündeste Essen nützt nichts, wenn es aufgezwungen wird – aber Kompromisse sind immer möglich.

Sie sehen: Auch bei dem „Wie" der Nahrungsaufnahme ist Hildegards Regel vom rechten Maß von größter Bedeutung.

Vier Elemente, vier Säfte

HILDEGARD von Bingen kannte natürlich die Fachbegriffe unserer modernen Ernährungswissenschaft wie Kalorien (oder Joule), Eiweißgehalt, Spurenelemente, Vitamine usw. noch nicht. Alle diese Zusammenhänge wurden viel später entdeckt – teilweise erst in unserem Jahrhundert.

Dafür gab es im Mittealter eine Systematik, die uns heutzutage unbekannt ist. So unterscheidet Hildegard die Nahrungsmittel, aber auch die Beschaffenheit des Menschen nach den vier Elementen:

Feuer = warm,
Luft   = kalt,
Wasser = feucht,
Erde   = trocken.

Die „trockenen" Menschen beispielsweise sind in Hildegards Kategorien eher dünn und können deshalb Nahrungsmittel vertragen, die einem „feuchten" (etwa lungenkranken) Menschen nicht bekömmlich sind. So ordnet sie jedem Menschen die zu ihm passende Nahrung zu.

Auch die vier Körpersäfte (die *humores*), die schon in der altgriechischen Medizin eine wichtige Rolle spielten, werden von ihr angeführt:

Blut,
Schleim,
gelbe Galle,
schwarze Galle.

In ihren Hinweisen zur Ernährungslehre bezieht Hildegard von Bingen sich hauptsächlich auf Blut und Schleim, die durch eine falsche Ernährung beeinträchtigt bzw. hervorgerufen werden können.

Daß das Blut als „Lebenssaft" sehr wichtig ist und durch eine entsprechende Ernährung gestärkt werden muß, ist uns modernen Menschen geläufig. Mit dem „Schleim", der – laut Hildegard – beispielsweise durch das Essen von Erdbeeren erzeugt wird, wissen wir allerdings weniger anzufangen. Hildegard-Forscher vermuten, daß sie sich dabei auf die lymphatischen Organe des Menschen bezieht. Die Lymphe ist eine klare, farblose bis gelblichweiße Flüssigkeit, die aus den Blutgefäßen austritt, in die Zellzwischenräume gelangt und von dort ins Lymphsystem abgeleitet wird. Sie hat die gleichen Bestandteile wie das Blutplasma und dient dem Transport von Nährstoffen in das Gewebe sowie dem Abtransport von Abfallstoffen.

Obwohl Hildegard von diesen wissenschaftlichen Zusammenhängen noch nichts ahnen konnte, hatte sie doch ein intuitives Wissen über die Aufgabe der Lymphe und warnt deshalb immer wieder vor schleimbildenden Nahrungsmitteln.

Die Lebensmittel der Hildegard-Küche

Getreide

Getreide ist eine der Hauptgrundlagen von Hildegards Ernährungslehre. Es war und ist eines unserer wertvollsten Lebensmittel. Während es im Mittelalter mehr oder weniger die Nahrungsgrundlage zumindest der ärmeren Bevölkerung darstellte, ist es heute eine wichtige Ergänzung unseres Speiseplans. Dabei sollte aber unbedingt das unbehandelte, keimfähige Getreidekorn verwendet werden, das vor der Verwendung jeweils frisch gemahlen wird – entweder im Naturkostladen, im Reformhaus oder in der eigenen Getreidemühle. Wenn Sie diese Möglichkeiten nicht haben oder die Getreideküche erst einmal ausprobieren wollen, können Sie auch fertiggemahlene Vollkornmehle verwenden, die es inzwischen sogar in Supermärkten zu kaufen gibt.

Werfen wir nun einen Blick auf die verschiedenen Getreidearten:

Dinkel

Der Dinkel ist das für die Ernährungslehre der Hildegard von Bingen wichtigste Getreide. Er ist eine Kulturform des Weizens, die wahrscheinlich schon im alten Ägypten angebaut wurde. In deutschen Gebieten war der Dinkel früher ebenfalls sehr beliebt, da er – obwohl nicht sonderlich ertragreich – auch auf kargen Böden und bei rauhen Witterungsbedingungen wächst.

Dinkel enthält reichlich Eiweiß, Kalium, Phosphor und Eisen. Außerdem haben Backwaren und Mehlspeisen, die mit Dinkel hergestellt werden, einen besonders herzhaften, nußartigen Geschmack. Auch Grünkern ist ein Dinkelprodukt. Dafür wird der Dinkel unreif geerntet (daher der Name) und auf speziellen Darren geröstet. So erhält er ein besonders würziges Aroma. Viele leckere Rezepte dazu finden Sie in einem der weiteren Bände, dem *Dinkelkochbuch*. Ganz allgemein können Sie Dinkel genauso wie Weizen beim Kochen und Backen verwenden. Das günstigste Ergebnis erzielen Sie, wenn Sie ein Drittel bis die Hälfte der angegebenen Weizenmenge durch Dinkel ersetzen.

Hildegard betont besonders die Milde und die gute Verträglichkeit des Dinkels:

> „Der Dinkel ist das beste Getreide. Er ist warm und fett und kräftig. Er ist heilsam für Fleisch und Blut und er macht den Menschen fröhlich. In welcher Zubereitung man den Dinkel auch ißt, ob als Brot oder in einer anderen Speise – er ist immer gut und mild." (*Physica*)

Gerste

Die Gerste ist eine der ältesten Kulturpflanzen. Besonders bei den Griechen wurde sie sehr geschätzt – diese betrachteten sie als ein Geschenk der Göttin Demeter, der „Getreidemutter". Gerstenbrei und Fladenbrot aus Gerstenmehl gehörten lange Zeit zu den Hauptnahrungsmitteln unserer Vorfahren.

Gerste enthält viele Vitamine und Mineralstoffe, vor allem Kalium, Kalzium, Phosphor und Kieselsäure. Gerstenschleim kann vor allem bei Magen- und Darmerkrankungen eine wirksame Krankenkost sein. Und natürlich werden aus Gerste auch die meisten Bierarten gebraut. In dieser Form ist diese Getreideart laut Hildegard sowohl Gesunden wie Kranken zuträglich. Ansonsten nämlich hält sie die Gerste nicht für besonders empfehlenswert, denn:

> „Die Gerste ist kälter und schwächer als andere Feldfrüchte. Wenn sie als Brot oder in Mehlspeisen gegessen wird, schadet sie sowohl Gesunden wie Kranken, eben weil sie

nicht solche Kräfte hat wie die übrigen Arten der Feldfrüchte." (*Causae et curae*)

Hafer

Auch Haferbrei war über lange Zeiten hinweg die Alltagsspeise unserer Vorfahren. In England und vor allem in Schottland ißt man heute noch vielfach das morgendliche Porridge, weil es kräftigend nicht nur auf den Körper, sondern auch auf die Seele wirkt. Nicht umsonst sagt man, daß Pferde, die mit reichlich Hafer gefüttert werden, besonders feurig sind.
Hafer enthält reichlich Eiweiß, Kieselsäure, Kalzium, Phosphor und Fluor, außerdem die Vitamine B1, B2, B6, E und das selten vorkommende Biotin (Vitamin H), das sich besonders günstig auf Haut und Haare auswirkt.

Hildegard empfiehlt den Hafer nicht nur als gesunde Kost, sondern auch als natürlichen Stimmungsaufheller:

> „Der Hafer ist warm und eine beglückende und gesunde Speise für gesunde Menschen. Er macht ihren Sinn froh und ihren Verstand hell und klar; außerdem wird ihre Gesichtsfarbe davon frisch und ihr Fleisch gesund. Auch Menschen, die etwas schwächlich sind, ist Hafer empfehlenswert und schadet ihnen nicht. Sehr kranken Menschen allerdings ist Hafer nicht so bekömmlich, denn er sucht immer Wärme. Da sehr kranke Menschen aber kalt sind, würde sich der Hafer in ihrem Bauch wälzen und ihnen keine Kraft geben, sondern eher Beschwerden verursachen."
> (*Physica*)

Hirse

Die Hirse, die über Indien und China nach Europa gelangte, wurde früher auch bei uns angebaut. Da Hirse zum Gedeihen allerdings viel Wärme braucht, wird sie heute vor allem in Afrika, Asien und Südamerika kultiviert.

Selbst geschälte Hirse ist noch ein wertvolles Getreideprodukt, denn im Gegensatz zum Weizen sind ihre Wirkstoffe nicht nur in der äußeren Hülle, sondern im ganzen Korn vorhanden. Von allen Getreidearten enthält die Hirse die meisten Mineralstoffe – so können wir schon mit 50 Gramm Hirse unseren gesamten Tagesbedarf an Eisen decken! Weitere wichtige Inhaltsstoffe sind Magnesium, Kalium, Phosphor und Fluor.

Trotzdem bewertet Hildegard die Hirse nicht besonders positiv:
> „Die Hirse ist kalt und etwas warm. Sie ist für den Verzehr nicht geeignet, weil sie weder Fleisch noch Blut kräftigt. Sie füllt lediglich den Bauch, mindert aber nicht den Hunger, weil sie keinen erquickenden Geschmack hat. Außerdem macht sie das Gehirn des Menschen wässerig." (*Physica*)

Roggen
Roggenbrot war eines der wichtigsten Nahrungsmittel der Kelten, Slawen und Germanen. Die Römer lehnten diese kräftig schmeckende „Barbarenspeise" ab und hielten sich lieber an das helle Weizenbrot, das auch in Deutschland bei Hofe üblich und gewissermaßen ein Statussymbol war. Roggen gedeiht selbst in nördlichen Ländern und in Bergregionen, wo kein Weizen mehr gedeiht.

Roggen enthält in reichem Maße Vitamine des B-Komplexes sowie Mineralien, vor allem Kalium, Phosphor, Fluor, Kieselsäure und Eisen.

Hildegard lobt den Roggen wegen seiner gesundheitlich vorteilhaften Eigenschaften, rät aber vernünftigerweise Kranken und Menschen mit einem schwachen Magen davon ab, weil er für sie zu schwer verdaulich ist:

„Der Roggen ist warm, allerdings kälter als der Weizen, und er hat viel Kraft. Das aus Roggen gebackene Brot ist gut für gesunde Menschen, denn es macht sie stark. Übergewichtige behalten durch Roggenbrot ihre Kraft, ohne dabei zuzunehmen. Menschen, die einen kalten Magen haben und dadurch entkräftet sind, sollten keinen Roggen essen, weil er für sie zu schwer verdaulich ist." (*Physica*)

Weizen

Unser heutiger Weizen entstand aus verschiedenen Wildformen durch Züchtung. Dies gelang allerdings erst in geschichtlicher Zeit, es handelt sich also um eine recht „moderne" Form des Getreides. In Europa kannte man vorher nur Getreidearten, die ein dunkleres Mehl lieferten. Deshalb wurden der mildere Geschmack und die feinere Beschaffenheit der aus Weizen hergestellten Backwaren und Mehlspeisen besonders hoch geschätzt. Außerdem eignet sich Weizen durch seinen hohen Anteil an „Klebereiweiß" besonders gut zum Backen.

Wichtig bei der Verwendung von Weizenmehl ist, daß es naturbelassen ist und die gröberen Kleieanteile nicht ausgesiebt worden sind. Gerade diese enthalten nämlich die wichtigsten Inhaltsstoffe: die Vitamine B1, B2, B6 und Karotin (eine Vorstufe des Vitamins A), außerdem die Mineralstoffe Kalium, Phosphor, Magnesium und Kieselsäure.

Hildegard empfiehlt den Weizen für Gesunde und Kranke gleichermaßen:

„Der Weizen ist warm und eine vollkommene Frucht, in ihm mangelt es an nichts. Das aus Vollkornmehl hergestellte Brot ist gut für Gesunde und Kranke und verbessert deren Fleisch und Blut. Wird aber die Kleie ausgesiebt, so ist das daraus hergestellte Brot kraftloser und schwächer, als wenn es aus dem vollen Korn hergestellt wird." (*Physica*)

Gemüse

Frisches Gemüse ist uns zu allen Jahreszeiten lebensnotwendig. Im Mittelalter hatte man noch nicht die Möglichkeiten, die es heute gibt und die es uns ermöglichen, das ganze Jahr über frisches Gemüse aus aller Herren Länder im Supermarkt um die Ecke zu kaufen. Deshalb hatten die Gemüsearten, die im Frühjahr bis zum Herbst im Garten oder auf dem Feld wuchsen, einen besonders hohen Stellenwert.

Auch wenn uns heute fast alles „verfügbar" ist, sollten Sie sich doch beim Einkauf und beim Zubereiten einige Gedanken machen, wenn Sie sich nach Hildegards Ernährungslehre richten möchten, die ja in den meisten Punkten der modernen Ernährungswissenschaft entspricht:

- Am wertvollsten ist natürlich das Gemüse, das Sie unmittelbar vor der Zubereitung frisch im Garten geerntet haben (und das natürlich weder mit Kunstdünger noch mit Spritzmitteln behandelt wurde!).

- Wenn Sie Gemüse kaufen, achten Sie auf seine Herkunft und beziehen Sie möglichst frisches Gemüse direkt von einem biologisch wirtschaftenden Bauern (viele dieser Landwirte betreiben inzwischen eigene „Hofläden"), aus dem Naturkostladen oder aus dem Reformhaus, das meistens ebenfalls biologisch gezogenes Gemüse bereithält.

- Wenn Sie im Supermarkt einkaufen, achten Sie auf das Herkunftsland, und bevorzugen Sie einheimisches Gemüse.

- Bei der Vorbereitung des Gemüses sollten Sie – wo immer möglich – auf das Schälen verzichten, weil gerade in den Schalen vieler Gemüse die wertvollsten Inhaltsstoffe stecken. Das gilt beispielsweise für Möhren, die nur mit einer Gemüsebürste unter fließendem Wasser gesäubert werden sollten. Schlechte Stellen oder Wurmlöcher werden anschließend mit einem Messer entfernt.

- Als Rohkost genossen, ist das Gemüse meistens am wertvollsten (Vorsicht: Grüne Bohnen dürfen nicht roh gegessen werden, weil sie in ungekochtem Zustand Vergiftungserscheinungen hervorrufen können!), bedeutet aber eine starke Belastung für das Verdauungssystem, die nur wirklich gesunde Menschen gut verkraften. Deshalb sollten Sie Rohkostsalate immer mit einer Marinade anmachen, die ein gutes Pflanzenöl enthält. Rezepte dazu finden Sie in dem Band *Küche aus der Natur.*

- Aber auch gedünstetes Gemüse enthält noch einen Großteil der wertvollen Inhaltsstoffe. Wichtig ist dabei, daß Sie das Gemüse nicht „totkochen", sondern „al dente", also bißfest, auf den Tisch bringen. Am besten garen Sie Gemüse in wenig Wasser, dem Sie etwas gutes Pflanzenöl zugesetzt haben. So bleiben Geschmack und Struktur erhalten.

- Butter, Sahne und Milch sollten Sie erst nach dem Kochen des Gemüses hinzufügen.

Kommen wir nun zu den von Hildegard von Bingen bevorzugten Gemüsen. Einige davon sind uns auch heute vertraut, bei anderen handelt es sich um Wildgemüse, die sich nur in der freien Natur finden.

Gartengemüse

Bohnen
Die Bohnen gehören weltweit zu den wichtigsten pflanzlichen Eiweißlieferanten. Bei uns kennt man nur wenige Arten, während etwa auf südamerikanischen Märkten mindestens

zwei Dutzend verschiedene Sorten angeboten werden. Bohnen sind deshalb so besonders wertvoll, weil einem hohen Eiweiß- und Kohlenhydratgehalt ein sehr niedriger Fettgehalt gegenübersteht. Auch lebenswichtige Aminosäuren sind in Bohnen in reichem Maße enthalten. Vor allem Lysin, das das Knochenwachstum fördert, findet sich in Bohnen reichhaltiger als im Getreide.

Hildegard von Bingen empfiehlt Bohnen als besonders gesunde Nahrung – allerdings nicht die grünen Bohnen, da diese „unreif geerntet werden". Über die getrockneten Bohnenkerne schreibt sie:

„Die Bohne ist warm. Sie ist gut für gesunde und starke Menschen und empfehlenswerter als die Erbse. Wenn Kranke Bohnen essen, schadet dies ihnen kaum, denn sie erzeugt nicht so viel Flüssigkeit und Schleim wie die Erbse. Besonders das Bohnenmehl ist gut und nützlich für den gesunden wie für den kranken Menschen, denn es ist leicht verdaulich. Wer allerdings Schmerzen in den Eingeweiden hat, sollte Bohnen in Wasser unter Beigabe von etwas Öl kochen, die Bohnen herausnehmen und lediglich die warme Brühe trinken." (*Physica*)

Erbsen

Für die Menschen der gemäßigten Klimazonen ist die Erbse heute die wichtigste Hülsenfrucht. Sie hat einen hohen Nährwert durch ihren Eiweiß- und Stärkegehalt und enthält außerdem reichlich Vitamin B und C. Die Erbse gehört zu den ältesten vom Menschen kultivierten Pflanzen überhaupt und hatte eine große Bedeutung für die ersten Ackerbauern.

Hildegard hat keine Bedenken, wenn ein gesunder Mensch Erbsen ißt. Kranken Menschen aber rät sie eher davon ab:

„Die Erbse ist kalt und etwas schleimig. Sie macht die Lunge dämpfig. Für Menschen, die von warmer Natur sind, ist sie allerdings gut zu essen und gibt ihnen Kraft. Wer aber von kalter Natur und krank ist, sollte keine Erbsen essen, weil sie Schleim in seinem Mund erzeugen. Für alle Kranken ist die Erbse schädlich, und sie enthält keine Kräfte, die die Krankheit austreiben könnten." (*Physica*)

Fenchel

So, wie der Dinkel Hildegards Lieblingsgetreide ist, ist der Fenchel ihr Lieblingsgemüse. Er wird schon auf altägyptischen Papyrusrollen erwähnt und scheint um das gesamte Mittelmeergebiet verbreitet gewesen zu sein. Auch Karl der Große empfahl ihn zum Anbau in Schloß- und Klostergärten in seinem *Capitulare de villis*, in dem er die wichtigsten Heil- und Gemüsepflanzen auflistet.

Fencheltee ist bei uns seit langem als wirksames Heilmittel vor allem gegen Blähungen und Magen-Darm-Beschwerden (hauptsächlich bei Kleinkindern) bekannt. Als Gemüse gewinnt der Fenchel erst seit einigen Jahren wieder den Platz, der ihm durch seinen Wohlgeschmack und Vitaminreichtum zusteht.

Hildegard empfiehlt ihn ohne jede Einschränkung sowohl gesunden wie kranken Menschen:

„Der Fenchel hat eine angenehme Wärme und ist weder von trockener noch von kalter Natur. Auch roh gegessen, schadet er dem Menschen nicht. In welcher Zubereitung er auch gegessen wird – er macht den Menschen fröhlich, vermittelt ihm eine angenehme Wärme und sorgt für eine gute Verdauung." (*Physica*)

Gurken

Die Gurke gehört zu den Kürbisgewächsen. Im alten Ägypten wurde sie schon 2000 Jahre vor unserer Zeitrechnung kultiviert, in Rom wurde sie bereits unter Glas kultiviert. Gurken haben einen geringen Nährwert und enthalten auch nur wenige Vitamine und Mineralstoffe. Ihr ernährungsphysiologischer Wert besteht in erster Linie in einer appetitanregenden und geschmacksverbessernden Wirkung.

Hildegard rät sowohl Gesunden wie Kranken vom Verzehr von Gurken ab, denn:
> „Die Gurken sind feucht und kalt und wachsen von der Feuchtigkeit der Erde. Sie bringen die Bitterkeit der Säfte des Menschen in Bewegung. Für Kranke sind sie gänzlich untauglich." (*Physica*)

Kichererbsen

Die Kichererbse könnte man auch als Erbse der Trockengebiete bezeichnen, denn sie ist extrem dürrefest. Deshalb wird sie vielfach in Gebirgsregionen oder in anderen niederschlagsarmen Gebieten angebaut. In Indien beispielsweise ist die Kichererbse die wichtigste Hülsenfrucht überhaupt. Von Rom aus kam sie auch nach Germanien.

Die Kichererbse enthält viel Eiweiß und reichlich Kohlenhydrate bei einem sehr niedrigen Fettgehalt. Die nußartig schmeckenden geschälten und gerösteten Samen sind im Orient und im Mittelmeerraum ein beliebtes Naschwerk. Und heute noch führen die Hirten in Mittelasien stets geröstete Kichererbsen als haltbaren Marschproviant auf ihren Wanderungen mit sich.

Hildegard kann Kichererbsen nur empfehlen – für gesunde wie für kranke Menschen:

„Die Kichererbse ist warm und angenehm, und sie ist leicht zu essen. Sie wird niemals die üblen Säfte dessen vermehren, der sie ißt. Wenn jemand Fieber hat, sollte er geröstete Kichererbsen essen, die bald zu einer Heilung führen." (*Physica*)

Kohl

Es gibt bei uns zahlreiche Kohlsorten, etwa Weiß- und Rotkohl, Rosenkohl, Grünkohl, Blumenkohl und Brokkoli. Manche Arten wurden bereits in der Steinzeit angebaut. Die meisten Kohlsorten werden heute weltweit kultiviert. Beliebt ist der Kohl nicht nur wegen seiner hohen Erträge, sondern auch wegen seines hohen ernährungsphysiologischen Wertes: Kohl enthält neben einem hohen Anteil an Eiweiß und Kohlenhydraten auch zahlreiche Vitamine – man denke nur an den Vitamin-C-Gehalt des Sauerkrautes!

Hildegard macht zum Kohl recht detaillierte Angaben, z. B. daß er nur für gesunde, schlanke Menschen geeignet ist und möglichst nicht zu stark gekocht werden sollte:

„Die Kohlarten sind von feuchter Natur. Der Wirsing ist etwas mehr kalt als warm und ein wenig von trockener Natur. Kohl wächst von der Flüssigkeit des Taus und von der Luft. Der Saft des Kohls ist dem Menschen nicht sehr nützlich. Manchmal werden durch ihn Krankheiten erzeugt, und schwache Eingeweide werden verletzt. Gesunde Menschen, die starke Adern haben, können diese Säfte durchaus bewältigen. Aber fettleibigen und kranken Menschen ist dieser Überfluß an Saft nicht zuträglich, weshalb sie auf Kohl verzichten sollten. Als Mus oder mit Fleisch gekocht sind die verschiedenen Kohlarten ebenfalls schädlich, denn sie vermehren eher die üblen Säfte im Menschen, als daß sie diese vermindern." (*Physica*)

Kürbis

Der Kürbis gehört zu den von Hildegard bevorzugten Gemüsen. Der Speisekürbis, wie wir ihn *heute* kennen, stammt aus dem südlichen Nordamerika, höchstwahrscheinlich aus Mexiko. Aber auch im Mittelmeerraum wurden bereits zahlreiche Kürbisgewächse kultiviert, auf die Hildegard sich wahrscheinlich bezieht.

Das Fleisch ist sehr faserreich und enthält Karotin, die Vorstufe des Vitamins A. Außerdem enthält es Stärke und natürlichen Zucker, ist also überaus nahrhaft, ohne belastend zu sein. Aus Kürbissen lassen sich neben dem Kürbisbrot viele andere leckere und gesunde Speisen zubereiten. In einem späteren Band werden Sie dazu zahlreiche Rezepte finden.

Hildegard empfiehlt den Kürbis ohne Einschränkungen für gesunde und kranke Menschen:
> „Die Kürbisse sind trocken und kalt. Sie wachsen im wesentlichen von der Luft. Sie sind für Kranke und Gesunde gut zu essen." (*Physica*)

Möhren

Die Möhre hat sich aus einer Wiesenpflanze entwickelt. Ihre Wurzel war früher gelb gefärbt. Durch Züchtung entstanden die orangefarbenen, besonders karotinreichen Arten, die wir heute kennen. Die Araber brachten die Möhre nach Spanien, von dort verbreitete sie sich schnell bis nach Mitteleuropa. Zu Hildegards Zeiten wird man also nur die hellen Möhrenwurzeln oder – in seltenen Fällen – die purpurfarbene Art gekannt haben.

Möhren zeichnen sich durch einen hohen Vitamingehalt (Vitamin B, C, vor allem das Provitamin A, das Karotin) und den Mineralstoffreichtum aus, aber auch durch einen relativ hohen Kohlenhydratanteil, insbesondere Zucker. Heute werden Möhren als eine ideale Kindernahrung betrachtet.

Hildegard empfiehlt die Möhre sowohl für die Ernährung von gesunden wie auch von kranken Menschen:
> „Die Mohrrübe ist eine Erquickung für den Menschen. Weder nützt noch schadet sie seiner Gesundheit, aber sie füllt den Bauch." (*Physica*)

Pastinaken
Pastinaken wurden bereits in der Antike kultiviert, werden heute aber nur noch selten angebaut. Die weißlichgelben Rüben weisen einen noch höheren Zuckergehalt als Möhren auf, haben aber einen strengeren Geschmack.

In Hildegards Werken stimmen die Texte über Mohrrüben und Pastinaken fast wörtlich überein:
> „Der Pastinak ist kalt und eine Erfrischung für den Menschen. Er nützt ihm nicht viel zur Gesundheit noch schadet er ihm. Aber er füllt lediglich den Bauch des Menschen." (*Physica*)

Pilze
Pilze werden wegen ihres Wohlgeschmacks und ihres Eiweißgehalts auch als „pflanzliches Fleisch" bezeichnet. Dabei haben sie nur wenige Kalorien. Noch bis in unsere Zeit wurden Pilze vorwiegend auf Wiesen und in Wäldern gesammelt. Natürlich sind Wildpilze wesentlich schmackhafter als Zuchtpilze, aber leider werden sie durch die in der Luft enthaltenen Schadstoffe (insbesondere durch das Schwermetall Kadmium) besonders stark belastet. Hinzu kommt, daß selbst Jahre nach dem Reaktor-Unglück von Tschernobyl die radioaktive Strahlung sich immer noch auf die Wildpilze auswirkt. Besonders Kindern sollte man deshalb nur Zuchtpilze geben.

Hildegard von Bingen hat sehr ausführlich über die Pilze geschrieben, empfiehlt aber im wesentlichen Pilze, die in der

Nähe von Buchen und Weiden wachsen. Insgesamt lehnt sie den Verzehr von Pilzen eher ab:
„Die Pilze, die über der Erde entstehen, welcher Art sie auch seien, sind wie Schaum und wie der Schweiß der Erde. Sie können dem Menschen, der sie ißt, mitunter schaden, weil sie in seinem Inneren ebenfalls Schleim und Schaum verursachen können." (*Physica*)

Rettich
Vor mehr als fünf Jahrtausenden war der Rettich bereits im Babylonischen und im Ägyptischen Reich ein wichtiges Gemüse. Es gab damals bereits mehrere Sorten. Die Römer brachten den Rettich in ihre germanischen Besitzungen, wo er um die Zeitenwende bereits weithin kultiviert wurde. Auch Radieschen gehören zu den Rettichgewächsen, entstanden in der uns bekannten Form allerdings erst durch Züchtung Ende des 18. Jahrhunderts. Rettiche sind reich an Vitaminen, Mineralstoffen und Aminosäuren. Da sie verdauungsfördernd und harntreibend wirken, findet man die aus ihnen gewonnenen Säfte auch fertig zubereitet im Reformhaus.

Hildegard weiß um den gesundheitlichen Nutzen des Rettichs und setzt sich deshalb ausführlich mit seiner Wirkung und Zubereitung auseinander:
„Der Rettich ist mehr warm als kalt. Nachdem er ausgegraben ist, sollte man ihn unter der Erde oder in einem feuchten Keller zwei oder drei Tage liegen lassen, damit das Grün etwas abwelkt. Dadurch wird der Rettich besser verdaulich.
Rettich macht das Gehirn klar und vermindert die schädlichen Säfte der Eingeweide. Wenn ein starker, fettleibiger Mensch Rettich ißt, ist dies heilsam für ihn, weil es ihn innerlich reinigt. Für kranke und eher magere Leute dagegen kann der Rettich schädlich sein. Wenn ein Kranker Rettich essen will, sollte er diesen zunächst auf einem erhitzten

Stein trocknen und danach zu Pulver zerkleinern. Dieses Pulver sollte mit hellem oder geröstetem Salz und Fenchelsamen gemischt und auf Brot gestreut werden. Dann wirkt der Rettich auch bei Kranken innerlich reinigend und kräftigend." (*Physica*)

Rote Bete

Die roten Bete stammen mit größter Wahrscheinlichkeit vom Mangold ab. Wie die meisten Rübensorten dieser Art wurden sie erst im Mittelalter kultiviert. Sie sind sehr vitaminreich und enthalten natürlichen Zucker sowie wichtige organische Säuren.

Hildegard von Bingen empfiehlt dieses für sie damals noch recht neue Gemüse sowohl für Gesunde als auch für Kranke. Allerdings sollte die rote Bete vor dem Verzehr geschält und gekocht werden.

„Die rote Bete ist mehr warm als kalt, und sie liegt schwer im Magen. Trotzdem ist sie leicht verdaulich. Wer sie roh essen will, sollte sie vorher schälen, weil ihr Grün dem Menschen schädlich ist. Gekocht allerdings ist sie besser als roh, weil sie keine üblen Säfte im Menschen hervorruft." (*Physica*)

Salat

Gartensalat – oder Lattich, wie Hildegard ihn nennt – enthält viele Vital- und Ballaststoffe, dagegen kaum Kalorien. Schon im alten Rom wußte man den grünen Salat zu schätzen und baute ihn in den Gemüsegärten an. Uns sind neben dem gängigen Kopfsalat inzwischen viele andere Sorten verfügbar: Radicchio, Eichblattsalat, Eisbergsalat, Lollo rosso usw. – eine Vielfalt, die unseren täglichen Salatteller auch optisch bereichern kann. Zur besseren Verdaulichkeit ist es wichtig, den Salat mit einer entsprechenden Marinade anzumachen. Hildegard empfiehlt den „Lattich" zwar nicht ausdrücklich, rät vielmehr manchen Menschen davon ab, gibt aber andererseits recht detaillierte Hinweise zu seiner Zubereitung:

„Die Lattiche sind sehr kalt. Wenn man sie ohne Würze ißt, machen sie mit ihrem unnützen Saft das Gehirn des Menschen leer und füllen seinen Magen mit Krankheiten. Wer Lattiche essen will, sollte diese zuvor mit einer Beize aus Dill, Knoblauch und Essig übergießen. Wenn Lattiche auf diese Art mäßig genossen werden, können sie das Gehirn und die Verdauung stärken." (*Physica*)

Sellerie
Vor der Zeitenwende wurde nicht nur Wildsellerie in der Küche verwendet – es gab auch schon Kulturformen dieses Wurzelgemüses. Die Römer brachten den Sellerie nach Mitteleuropa, wo er bald in den Klostergärten heimisch wurde. Meistens handelte es sich dabei allerdings um Schnittsellerie, die heute charakteristische Kugelform wurde erst später gezüchtet.

Besonders wichtig beim Sellerie ist seine gute Lagerfähigkeit, die ihn zu einem idealen Wintergemüse macht. Sellerie ist sehr vitaminreich und enthält außerdem reichlich Kalium und Kalzium.

Hildegard rät davon ab, rohen Sellerie zu essen. Ungeeignet ist er vor allem für depressive Menschen, deren negative Stimmung er eher noch verstärken würde.

„Der Sellerie ist warm. Er ist mehr von grüner als von trockener Natur. Er hat viel Saft in sich und sollte nicht roh gegessen werde, weil er üble Säfte im Menschen hervorrufen kann. Gekocht aber schadet er den Menschen nicht, sondern bildet im Gegenteil gesunde Säfte. Auf welche Weise er aber auch gegessen wird: Er kann zu unstetem Verhalten führen, weil sein Grün dem Menschen mitunter schadet und ihn melancholisch macht." (*Physica*)

Zwiebeln

Zwiebeln zählen zu den ältesten Kulturpflanzen der Menschheit. Schon die Arbeiter, die im alten Ägypten die Pyramiden bauten, handelten in ihren Arbeitsverträgen ein festes Quantum an Zwiebeln pro Tag aus. In Rom gab es auf die Zwiebelzucht spezialisierte Gärtner, denen bereits verschiedene Zwiebelsorten bekannt waren. Den Römern verdanken wir zudem die Ausbreitung des Anbaues nach Norden. In Mitteleuropa hat die Zwiebel erst im Mittelalter Anklang gefunden.

Zwiebeln sind sehr nahrhaft. Sie enthalten Kohlenhydrate, hauptsächlich in Zuckerform, und Eiweiß. Dazu sind sie reich an Mineralstoffen und Vitaminen – vor allem an Vitamin A, B, C und P. Ihre gute Lagerfähigkeit macht sie besonders in der vitaminarmen Winterzeit zu einer besonders wertvollen Nahrungspflanze.

Allerdings kann sie zu Verdauungsbeschwerden wie z.B. Blähungen führen. Das gilt vor allem für Magenkranke, denen Hildegard denn auch grundsätzlich vom Zwiebelgenuß abrät. Gesunde Menschen jedoch profitieren von den Zwiebeln, die allerdings vor dem Verzehr gekocht werden sollten.

Hildegard schreibt über die Zwiebel:
„Die Zwiebel hat nicht die richtige Wärme, sondern eher eine scharfe Feuchtigkeit. Roh ist sie schädlich, ja giftig – wie der Saft unnützer Kräuter. Gekocht aber ist sie gesund zu essen, weil durch das Feuer (beim Kochen) das Schädliche in ihr vermindert wird. Gerade bei Fieber und Gicht können gekochte Zwiebeln heilsam wirken. Allen Magenkranken aber sind Zwiebeln – ob roh oder gekocht – eher schädlich, weil sie ihnen Schmerzen bereiten können."
(*Physica*)

Wildgemüse

Die von Hildegard empfohlenen Wildgemüse wird es leider nur in den seltensten Fällen zu kaufen geben. Wenn Sie einen eigenen Garten haben, können Sie diese Gemüse selbst anbauen. Aber Sie können die Gemüse auch selbst sammeln – in der freien Natur. Dabei ist es allerdings wichtig, daß Sie darauf achten, daß die Wiesen, Weg- und Bachränder nicht gespritzt oder verschmutzt sind (beispielsweise durch Autoabgase). Zu den Standorten der einzelnen Wildgemüse finden Sie in den Bänden *Küche aus der Natur* und *Pflanzen- und Kräuterkunde* nähere Auskunft.

Im Mittelalter war die Gartenkultur nur in Kloster- und Schloßgärten entwickelt. Deshalb mußte gerade die arme Bevölkerung – und das war die Mehrzahl – sich ihr Frischgemüse, das zur Deckung des Vitaminbedarfs (von dem man damals allerdings noch nichts wußte, man erahnte nur instinktiv die Bedürfnisse des Körpers) nötig war, in der freien Natur sammeln. Glücklicherweise verfügten die Menschen damals über ein umfangreiches Wissen, was eßbare und nicht eßbare Blätter, Wurzeln usw. anbelangt, das von Generation zu Generation weitergegeben wurde. Dieses Wissen ist den meisten von uns heute abhanden gekommen – wir brauchen es im Grunde auch nicht mehr, weil uns ja jederzeit frisches Gartengemüse zur Verfügung steht. Trotzdem lohnt es sich, diese Wildgemüse einmal auszuprobieren – zum einen, weil sie ganz anders schmecken als Zuchtgemüse, zum anderen wegen ihres besonderen gesundheitlichen Wertes, den Hildegard immer wieder betont. Vor anderen Wildgemüsen, die wir vielleicht schon in der eigenen Küche ausprobiert haben, warnt sie wiederum, weil sie dem Menschen nicht zuträglich sind.

Im folgenden ein Überblick über die Wildgemüse, die Hildegard in ihren Büchern erwähnt:

Brennessel

Die Brennessel wurde und wird gerne als Wildgemüse verwendet – ebenfalls als Spinat, in Suppen und Soßen. Ärgern Sie sich also nicht darüber, wenn im Frühjahr die Brennesseln üppig in Ihrem Garten sprießen. Nutzen Sie sie lieber mit Freude für köstliche und gesunde Frühlingsgerichte. (Rezepte finden Sie in *Küche aus der Natur* und *Pflanzen- und Kräuterheilkunde.*)

Brennesseln enthalten reichlich Vitamin B und C, außerdem Lezithin (ein fettähnlicher Stoff, der für den Aufbau der pflanzlichen, tierischen und menschlichen Zellen notwendig ist) und Kieselsäure. Hildegard empfiehlt vor allem das junge Brennesselgemüse im Frühjahr für gesunde und kranke Menschen:

„Die Brennessel ist in ihrer Art sehr warm. Allerdings sollte man sie wegen ihrer Rauheit nicht roh essen. Aber gekocht ist sie -besonders wenn sie frisch aus der Erde sprießt – nützlich für die Speisen des Menschen: Sie reinigt den Magen und entfernt den Schleim." (*Physica*)

Brunnenkresse

Die wildwachsende Brunnenkresse kann man das ganze Jahr über sammeln. Dabei sollte man aber darauf achten, daß die Gewässer, an deren Rändern sie wächst, nicht verschmutzt sind. Gerade aufgrund ihrer fast ganzjährigen Verfügbarkeit war die Brunnenkresse im Mittelalter eine willkommene Abwechslung zur eintönigen Winterkost.

Brunnenkresse ist sehr reich an Vitaminen und Mineralstoffen, vor allem Karotin (Provitamin A), Vitamin B2 und C, außerdem an Kalzium, Eisen, Schwefel, Kupfer und Jod. Das gleiche gilt übrigens auch für die Gartenkresse (die sich sogar auf der Fensterbank ziehen läßt). Diese ist weniger aromatisch als die Brunnenkresse, aber schärfer.

Hildegard empfiehlt die Brunnenkresse vor allem gesunden Menschen als Verdauungshilfe. Bei Kranken kann sie die Heilung verschiedener Leiden unterstützen.

„Die Brunnenkresse ist von warmer Natur. Sie nützt dem Menschen nicht viel, aber sie schadet ihm auch nicht viel. Aber wer unter Gelbsucht oder Fieber leidet, sollte zur Gesundung leicht gedünstete Brunnenkresse essen. Und wer Verdauungsbeschwerden hat, sollte ebenfalls Brunnenkresse leicht dünsten und sie essen." (*Physica*)

Gundelrebe (Gundermann)
Die Gundelrebe ist eher eine Heil- als eine Gemüsepflanze – nicht ohne Grund also spricht man vom „Apotheker Gundermann". Auch Hildegard empfiehlt sie vorwiegend im medizinischen Zusammenhang. Andererseits finden wir sie oft auf Naturrasen oder auf Weideflächen, und sie kann eine wohlschmeckende Ergänzung zu Suppen und Salaten sein.

Die Gundelrebe enthält neben Bitterstoffen reichlich Tannin (der Wirkstoff, der auch im schwarzen Tee enthalten ist), natürlichen Zucker und Cholin (ein Stoff, der gegen Arterienverkalkung und Fettablagerungen im Körper wirkt).

Hildegard von Bingen empfiehlt die Gundelrebe Kranken und Gesunden gleichermaßen – als Gemüsebeilage oder als Suppe.

„Die Gundelrebe ist mehr warm als kalt, und sie ist trocken. Sie enthält gewisse Würzkräfte, denn ihre Grünkraft ist angenehm und nützlich. Ein Mensch, der kraftlos und mager ist, sollte Wasser trinken, in dem Gundelrebe erhitzt wurde, oder die Gundelrebe als Gemüse oder in einer Suppe essen. Sie wird ihm helfen, weil ihr guter Saft den Menschen innerlich heilt." (*Physica*)

Melde

Die Melde gehört zu den Wildkräutern, die im Garten üppig wuchern und uns höchstens als Hühnerfutter willkommen sind. Dabei ist gerade die Melde ein angenehmes, mildes Wildgemüse, das sich hervorragend für Suppen und Salate eignet. In früheren Jahrhunderten wurde die Melde sogar als Gartengewächs kultiviert.

Hildegard rühmt die Melde: Sie empfiehlt sie gesunden ebenso wie kranken Menschen:
„Die Melde ist mehr kalt als warm, aber doch auch etwas gemäßigt. Sie bewirkt eine gute Verdauung." (*Physica*)

Sauerampfer

Sauerampfer wurde (und wird) noch bis in unsere Zeit verwendet – beispielsweise als Spinatersatz, in Suppen und Soßen. Er enthält reichlichlich Karotin (die Vorstufe zu Vitamin A) und Vitamin C, außerdem Kalzium, Kalium, Eisen und Phosphor. Wegen seines hohen Gehaltes an Oxalaten (Kleesäuren) sollte man ihn jedoch nur in Maßen genießen. Das gilt besonders für Menschen, die an Arthritis, Gicht, Rheuma, Lungen-, Magen-, Nierenbeschwerden und an Asthma leiden.

Hildegard rät insgesamt vom Genuß des Sauerampfers ab:
„Der Ampfer ist weder warm noch kalt im richtigen Maß. Der Ampfer wirkt gegen die Natur des Menschen, deshalb taugt er ihm nicht zum Essen. Er würde ihn traurig machen und seine eigene, dem Menschen entgegengesetzte Natur in seine Eingeweide ausgießen." (*Physica*)

Es gibt noch zahlreiche andere Wildgemüse, auf die Hildegard nicht detailliert eingeht. In dem Band *Küche aus der Natur* werden diese ausführlich behandelt werden – sowohl nach ihrem gesundheitlichen Nutzen als auch nach ihren Verwendungsmöglichkeiten in der Küche.

Früchte

Frische Früchte sind etwas Köstliches, sie speisen Körper und Seele gleichermaßen. Wir kennen inzwischen die meisten exotischen Früchte – Ananas, Papayas, Bananen und Orangen usw. – aus unserem Supermarkt. Äpfel, Birnen und anderes erhalten wir das ganze Jahr über frisch aus aller Herren Länder.

Zu Hildegards Zeiten mußte das geerntete Obst noch sorgfältig gelagert werden, um die Wintermonate zu überstehen. Deshalb gab es z. B. zahlreiche Apfelsorten, die erst durch das Nachreifen im Apfelkeller ihr eigentliches Aroma gewannen und so den Winter über wohlschmeckende Vitaminspender waren und Abwechslung auf den Speisezettel brachten. Auch getrocknet oder eingemacht, entfalteten (und entfalten heute noch) unsere einheimischen Früchte im Winter ihr besonderes Aroma und ihre gesundheitsfördernden Wirkkräfte.

Hildegard von Bingen hat den Früchten aus diesem Grunde viele Abschnitte in ihren Büchern gewidmet. Auf diese Früchte soll im folgenden näher eingegangen werden.

Äpfel

Der Apfel gehört (und gehörte) zu den wichtigsten unserer heimischen Obstsorten. Er entstand aus einer Wildform, dem Holzapfel, vermutlich durch eine Kreuzung mit dem Paradiesapfel. Heute gibt es über 20 000 verschiedene Apfelsorten.

Äpfel enthalten Vitamine, natürlichen Zucker, lebenswichtige Säuren und Mineralien, wie beispielsweise Natrium, Kalzium, Magnesium und Phosphor. Nicht umsonst gibt es ein englisches Sprichwort, das besagt: „Ein Apfel am Tag erspart dir den Arzt" (An apple a day keeps the doctor away).

Hildegard von Bingen empfiehlt Äpfel für gesunde wie für kranke Menschen. Dabei macht sie die Einschränkung, daß Kranke Äpfel möglichst nicht roh, sondern gedünstet genießen sollten, weil dadurch der Organismus weniger belastet wird. Gesunde Menschen dagegen dürfen sowohl frische als auch Lageräpfel (die oft schon etwas runzelig sind) und natürlich auch gekochte und gebratene Äpfel essen.

„Der Apfelbaum ist warm und feucht. Er würde durch seine Feuchtigkeit zerfließen, wenn ihn nicht die Wärme zusammenhielte. Aber die Frucht des Apfelbaumes ist zart und leicht verdaulich. Gesunden Menschen schadet sie auch nicht, wenn sie roh gegessen wird. Kranken Menschen allerdings schaden die Äpfel roh. Aber gekochte und gebratene Äpfel sind auch für sie empfehlenswert. Und wenn Äpfel alt und runzelig werden, wie es im Winter geschieht, dann sind sie auch für Kranke roh genauso gut zu essen wie für Gesunde." (*Physica*)

Birnen

Die Birne ist ein enger Verwandter des Apfels. Sie entstand aus der Wildform der Holzbirne durch Kreuzungen mit verschiedenen anderen Birnensorten. Die Birnenkultur, die sehr alt ist, gelangte von Persien nach Griechenland und schließlich nach Rom. Von den Römern wurde die Birne auch nach Germanien gebracht. Heute gibt es etwa 1500 verschiedene Birnensorten. Die Birne ist sehr arm an Fruchtsäure, dafür aber reich an Mineralstoffen – deshalb wird sie als Diätobst besonders geschätzt.

Hildegard ist den Birnen gegenüber recht skeptisch – selbst gesunden Menschen empfiehlt sie lediglich den Genuß von gekochten Birnen, weil sie zu der Erkenntnis gekommen ist, daß rohe Birnen die Atmung belasten und die Arbeit der Leber erschweren. Getrocknete Birnen haben keinen schädigenden Einfluß auf den Menschen – nur sollte man darauf achten, keine geschwefelten Früchte zu verwenden.

„Der Birnbaum ist mehr kalt als warm und im Vergleich zum Apfelbaum so schwer und fest wie die Leber zur Lunge. Denn wie die Leber ist er nützlicher, aber auch wiederum schädlicher als der Apfelbaum. Allerdings ist die Frucht des Birnbaums schwer, gewichtig und mitunter herb. Wer zu viele rohe Birnen ißt, kann leicht Migräne oder Lungenbeschwerden bekommen. Deshalb sollte man Birnen vor dem Verzehr in etwas Wasser kochen oder am Feuer braten. Gekochte Birnen sind allerdings besser als gebratene, weil das warme Wasser den schädlichen Saft, der in ihnen ist, allmählich auskocht, aber das Feuer ist zu schnell und drückt beim Braten nicht den ganzen Saft aus ihnen heraus." (*Physica*)

Brombeeren

Brombeeren sind auch heute noch Wildfrüchte, obwohl sie inzwischen auch in Plantagen und Hausgärten kultiviert wurden. Für unsere Vorfahren waren sie nicht nur wichtige Vitaminspender, sondern auch eine wohlschmeckende Variante zu dem täglichen „Einheitsbrei".

Auch die Blätter wurden bei verschiedenen Erkrankungen verwendet. Darauf wird in dem Band *Pflanzen- und Kräuterheilkunde* ausführlich eingegangen. Die Früchte des Brombeerstrauches enthalten reichlich Vitamin C, außerdem das Provitamin A, daneben Mineralstoffe, Spurenelemente, Fruchtzucker und -säuren.

Hildegard hält die Brombeere für unbedenklich – sowohl für gesunde als auch für kranke Menschen:

„Die Brombeere ist mehr warm als kalt. Sie schädigt weder den gesunden noch den kranken Menschen, außerdem ist sie leicht verdaulich. Allerdings wirkt sie nicht als Heilmittel." (*Physica*)

Hagebutten
Die Hagebutte ist die Frucht der Heckenrose. Sie ist vielseitig verwendbar, so etwa für Suppen, Marmelade, Likör usw. Sie enthält einen hohen Anteil an Vitamin C und an Provitamin A, außerdem die Vitamine B und E, dazu Gerbstoffe und reichlich Pektine.

Für unsere Vorfahren war die Hagebutte eine beliebte und wichtige Vitaminquelle. Hildegard empfiehlt die Früchte der Heckenrose:
„Die Hagrose ist warm und bezeichnet die Zuneigung. Wenn jemand im Grunde gesund ist und nur einen schwachen Magen hat, sollte er Hagebutten kochen und möglichst oft davon essen. Das reinigt den Magen und entfernt den Schleim. Wer sehr krank ist, sollte keine Hagebutten essen. Wer aber körperlich ganz gesund ist, dem schadet die Hagebutte weder roh noch gekocht." (*Physica*)

Haselnuß
Haselnüsse säen sich in unseren Gärten von selbst aus. Wir finden sie eigentlich überall in der freien Natur. Man kann sich vorstellen, daß besonders die armen Menschen im Mittelalter diesen wohlschmeckenden Fettlieferanten willkommen hießen und im Herbst dankbar seine Früchte sammelten.

Haselnüsse haben nicht nur einen beträchtlichen Nährwert, sie sind auch reich an Mineralstoffen und enthalten die Vitamine A, B1, B2 und C. Haselnüsse haben übrigens einen höheren Eiweißgehalt als Rindfleisch und ihr Fettgehalt beträgt fast das Doppelte! Für moderne, kalorienbewußte Menschen unserer Zeit ist dies natürlich ein Grund zur Vorsicht und Zurückhaltung – im Mittelalter konnte eine ausreichende Haselnußernte (über)lebenswichtig sein.

Hildegard empfiehlt selbst den Gesunden, beim Genuß von Haselnüssen zurückhaltend zu sein. Kranken rät sie wegen des hohen Fettgehalts von Haselnüssen ab.

> „Der Haselstrauch ist mehr kalt als warm. Die Nüsse können einem Gesunden nicht viel schaden, aber sie nützen ihm auch nicht. Kranken Menschen dagegen können sie schädlich sein, weil sie in der Brust dämpfig machen." (*Physica*)

Himbeeren

Die Himbeere, die wild in Wäldern und in Gärten wächst, wurde wahrscheinlich erst im Mittelalter in Kultur genommen, und zwar hauptsächlich in den Klostergärten. Als Wildfrucht wurde sie allerdings bereits viel früher genutzt.
Die Himbeere enthält neben dem Provitamin A die Vitamine B und C, außerdem Eisen, Kupfer und Mangan, dazu organische Säuren, Pektin und Fruchtzucker, der auch diabetikergeeignet ist.

Hildegard unterstreicht besonders den gesundheitlichen Wert der Himbeere:

> „Die Himbeere ist kalt und gut gegen Fieber. Denn wenn jemand Fieber und einen Widerwillen gegen Essen hat, der koche Himbeeren in Wasser und trinke dieses Wasser morgens und abends warm." (*Physica*)

Holunder

Der Holunder ist eine uralte Heilpflanze, die sich gerne nahe an bewohnten Häusern ansiedelt. Blüten und Beeren, aber auch Blätter und Wurzeln haben einen hohen gesundheitlichen Wert, weshalb der Holunder oft als „Apotheke der armen Leute" bezeichnet wurde.

So enthalten die Blüten des Holunders neben Gerbsäure auch schleim- und schweißtreibende Glykoside sowie Cholin und den vitaminähnlichen Stoff Rutin. In den Beeren finden sich neben Fruchtsäure und Fruchtzucker Gerbstoffe, die Vitamine B und C und das Provitamin A.

Hildegard ist in ihrem Verhältnis zum Holunder etwas unentschieden. Sie weist nicht auf eine eventuelle Schädlichkeit hin, sagt aber auch wenig über seine nützlichen Eigenschaften aus:

„Der Holunder ist mehr kalt als warm und taugt wenig zum Gebrauch. Das gilt auch für seine Früchte – es sei denn, daß sie dem Menschen dienlich sind." (*Physica*)

Kirschen
Wildkirschen wurden schon in der Neusteinzeit geerntet. Die kultivierte Süßkirsche stammt wahrscheinlich aus dem Schwarzmeerraum, von wo sie kurz vor der Zeitenwende nach Italien gelangte. Etwa hundert Jahre später wurde die Kirsche bereits im germanischen Raum kultiviert.

Kirschen enthalten natürlichen Zucker, der auch für Diabetiker gefahrlos ist, außerdem reichlich Karotin, die Vorstufe des Vitamin A.

Hildegard empfiehlt, daß Kranke nicht zu viele Kirschen essen, weil sie davon Bauchschmerzen bekommen könnten. Dasselbe empfiehlt sie aber auch gesunden Menschen.

„Der Kirschbaum ist mehr warm als kalt. Er ist ähnlich dem Spaß, der Fröhlichkeit zeigt, aber auch schädlich sein kann. Seine Frucht ist mäßig warm. Sie ist weder sehr nützlich noch sehr schädlich. Dem gesunden Menschen schadet sie nicht. Einem Kranken jedoch kann sie ziemliche Schmerzen bereiten, wenn er zuviel davon ißt." (*Physica*)

Mandeln

Die Mandel gehört zur Familie der Rosengewächse, zu der fast alle unsere einheimischen Obstgehölze zählen. Schon zwei Jahrhunderte vor unserer Zeitrechnung kultivierte man den Mandelbaum in Italien. Dabei handelte es sich hauptsächlich um die süße Mandel. Die bittere Mandel, die giftige Blausäure enthält, wird nur in kleinsten Dosen zum Backen verwendet und ist in unserem Zusammenhang nicht interessant. Mandeln sind sehr reich an Fett und Eiweiß. Sie sind also ein wahres Nahrungsmittel, das man aber nur in Maßen genießen sollte.

Hildegard schreibt dazu allerdings, daß kranke und gesunde Menschen die süßen Mandeln ohne Einschränkung genießen können und daß dadurch sogar die Heilung bei Kopf-, Leber- und Lungenerkrankungen unterstützt werden kann.

„Der Mandelbaum ist sehr warm und hat etwas Feuchtigkeit in sich. Seine Rinde, seine Blätter und sein Saft sind untauglich als Heilmittel, weil seine ganze Kraft in der Frucht steckt. Bei Kopfweh und Gehirnleere sollte man deshalb die Kerne der süßen Mandel essen. Lungen- und Leberkranken werden die süßen Mandeln ebenfalls empfohlen. Denn sie machen den Menschen in keiner Weise dämpfig oder trocken, sondern sie machen ihn stark." (*Physica*)

Maulbeere

Der Maulbeerbaum ist die traditionelle Futterpflanze für die Seidenspinnerraupen. Obwohl Friedrich der Große versucht hat, diese Pflanze und damit auch die Seidenproduktion in unseren Gebieten heimisch zu machen, ist dies aus verschiedenen Gründen (klimatische Verhältnisse, Seuchen unter den empfindlichen Raupen) nie gelungen. Deshalb gibt es bei uns – außer in botanischen Gärten – kaum Maulbeerbäume.

Zu Hildegards Zeiten scheint dies anders gewesen zu sein, denn sie empfiehlt die Maulbeeren sowohl gesunden wie kranken Menschen. Als besonders schmackhaft galten damals die getrockneten Maulbeeren.

„Der Maulbeerbaum ist kalt. Aber es ist eine große Üppigkeit in seiner Frucht, die dem Menschen mehr nützt als schadet – ganz gleich, ob er gesund oder krank ist." (*Physica*)

Mispel
Heute hat die Mispel, deren Früchte man auch als Steinäpfel bezeichnet, nur noch eine geringe Bedeutung. Im Mittelalter allerdings pflanzte man sie vor allem in Südwestdeutschland als Obstbaum an. Die Mispel gehört wie viele unserer Obstbäume zu den Rosengewächsen, ihre Früchte sind recht herb, aber sehr vitaminreich. Sie brauchen Frost oder Überreife, um überhaupt genießbar zu sein. Danach allerdings haben sie ein besonders gutes Aroma. Mispelbäume werden heute leider nur noch sehr selten angebaut.

Hildegard empfiehlt die Mispelfrüchte sowohl gesunden wie kranken Menschen. In jeder Zubereitungsform haben sie eine heilsame Wirkung auf den Körper.

„Der Mispelbaum ist sehr warm, er ist ein Symbol der Milde. Die Frucht des Baumes ist Gesunden und Kranken nützlich und man kann so viel davon essen, wie man mag, denn sie kräftigt das Fleisch und reinigt das Blut." (*Physica*)

Olive
Der Ölbaum ist uns aus der griechischen und römischen Mythologie bekannt, in der Bibel wird er ebenfalls erwähnt. Für die Menschen des Mittelmeerraums war er – und ist es noch

heute – eine der wichtigsten Kulturpflanzen. Er liefert nicht nur die delikaten Oliven, sondern auch das köstliche und lebenswichtige Olivenöl. Dieses wissen wir für unsere Küche im nördlichen Mitteleuropa durchaus zu schätzen, wo der Ölbaum nicht gedeihen kann, weil es nicht genug Wärme für ihn gibt. Olivenöl ist sehr vitaminreich. Es enthält vor allem das Provitamin A, das vor allem positiv auf die Beschaffenheit von Haut und Haar einwirkt.

Über das Öl selbst äußert sich Hildegard in ihren Werken meines Wissens nicht. Oliven lehnt sie jedoch in jeder Form ab. Allerdings schreibt sie, daß der Ölbaum, der mehr warm als kalt sei, die Barmherzigkeit bezeichnet. Aber:
> „Das Öl aus der Frucht dieses Baumes taugt nicht viel zum Essen, weil es Übelkeit hervorruft und andere Speisen schlecht genießbar macht." (*Physica*)

Quitte
Die Quitten gehören zum gleichen Verwandtschaftskreis wie die Äpfel und Birnen. Bereits die Griechen und Römer verwendeten diese Früchte. Nördlich der Alpen wurde die Quitte seit dem 9. Jahrhundert angebaut, war also zu Hildegards Zeiten gewissermaßen noch eine „Novität".

Die Früchte sind zwar sehr aromatisch, aber roh nicht genießbar. Deshalb werden sie in der Hauptsache zu Marmeladen, Kompotts usw. verarbeitet. Die Quitte ist reich an Vitaminen und Bitterstoffen.

Hildegard von Bingen empfiehlt sie gesunden und kranken Menschen gleichermaßen uneingeschränkt – immer habe die Quitte eine heilsame Wirkung.
> „Der Quittenbaum ist eher kalt und gleicht der Schlauheit, die manchmal unnütz ist und manchmal nützlich. Während

sein Holz und seine Blätter dem Menschen nicht sehr nützlich sind, ist seine Frucht warm und trocken und hat eine gute Mischung in sich. Wenn die Quitte reif ist, schadet sie selbst roh genossen weder dem gesunden noch dem kranken Menschen. Sie ist aber eher bekömmlich, wenn sie gekocht wird." (*Physica*)

Schlehen

Die Früchte des Schlehdorns waren ebenfalls bereits im Mittelalter sehr beliebt. Zwar verzieht man beim rohen Genuß der Früchte das Gesicht, als ob man in in eine Zitronenscheibe beißt, aber genauso wie die Zitrone hat die Schlehe einen hohen Vitamin-C-Gehalt. Das macht sie für uns heute sehr wertvoll. Im Mittelalter allerdings waren Schlehenfrüchte, die zu Beginn der kalten, vitaminarmen Jahreszeit geerntet werden, sogar eine besondere Kostbarkeit, aus der man Mus, Marmelade, Liköre und vieles andere zubereitete. Außer Vitaminen enthalten die Schlehen Gerb- und Apfelsäure sowie natürlichen Zucker.

Walnuß

Schon die Römer schätzten die Früchte des Walnußbaumes. Durch sie gelangte er auch in die Gebiete nördlich der Alpen. Da der Walnußkern den beiden Hirnhälften ähnelt, hat man ihn traditionell als „Hirnnahrung" bezeichnet, was aufgrund seines Nährstoffgehaltes vielleicht gar nicht so falsch ist.

Walnüsse enthalten viel Eiweiß, Fett und natürlichen Zucker, dazu viel Vitamin B. Walnüsse sollten möglichst frisch gegessen werden, da sie schlechter verdaulich werden, wenn sie austrocknen.

Hildegard rät kranken Menschen von Walnüssen ab, während gesunde Menschen sie durchaus – in Maßen – genießen dürfen.

„Dieser Nußbaum ist warm und von einiger Bitterkeit. In einem Menschen, der viele Walnüsse ißt, entsteht leicht Fieber. Gesunde Menschen haben damit keine Schwierigkeiten, während Kranke davon Schaden nehmen könnten." (*Physica*)

Weintrauben

Die Kultur der Weintrauben ist uralt. Sie war bereits im alten Ägypten bekannt und wird auch in der Bibel erwähnt. Die Griechen und Römer bauten den Wein bereits auf großen Flächen an. In Süddeutschland ist der Weinanbau schon im 2. Jahrhundert unserer Zeitrechnung nachweisbar.

Etwa 10 Prozent der angebauten Weinsorten werden als Tafeltrauben gegessen, aber auch Korinthen, Sultaninen und Rosinen werden daraus hergestellt. Der größte Teil wird zu Wein verarbeitet, zudem wird alkoholfreier Traubensaft aus der Weinrebe gewonnen.

Die Weintraube enthält in jeder Form wertvolle Inhaltsstoffe, beispielsweise reichlich Vitamin C sowie natürlichen Zucker und Flavonverbindungen, die neben natürlichen Farbstoffen ebenfalls Kohlenhydrate enthalten. Dem Wein wurde schon immer ein hoher gesundheitlicher Wert beigemessen, der von der modernen Ernährungsforschung bestätigt wird: Ein Glas guter Rotwein pro Tag soll das Infarktrisiko erheblich mindern. Tafeltrauben haben in der Gesundheitsvorsorge ebenfalls einen hohen Stellenwert – man denke nur an die berühmte Meraner Traubenkur.

Hildegard geht zwar nicht auf die Tafeltrauben ein, aber immer wieder rühmt sie in ihren Schriften die gute gesundheitliche Wirkung des Weins – wobei sie den leichteren, etwas herben Landweinen den Vorzug gibt –, so daß man davon ausgehen kann, daß sie auch alle anderen Traubenerzeugnisse als vorteilhaft ansieht. Über die Weinrebe schreibt sie:

„Die Weinrebe hat feurige Wärme und Feuchtigkeit. Ihr Feuer ist so stark, daß es ihren Saft zu einem anderen Geschmack umwandelt als alle anderen Bäume und Kräuter haben." (*Physica*)

Exotische Früchte

Es gibt einige exotische Früchte, die Hildegard von Bingen bereits bekannt waren, so etwa die Dattel und die Feige.

Datteln
Die Dattelpalme ist das charakteristische Gewächs der Oasen Nordafrikas und der Trockengebiete Südwestasiens. Dort ernähren sich Menschen und Tiere oft hauptsächlich von den verschiedenen Dattelarten. Als Kulturpflanze wurde die Dattelpalme bereits 6 000 Jahre vor unserer Zeitrechnung angepflanzt. In unseren Gegenden wächst sie nicht, weil sie empfindlich gegen Regen ist.

Die Dattel ist sehr stärkereich. Wegen ihres hohen Zuckergehalts – das gilt vor allem für die bei uns erhältlichen konservierten Datteln – ist sie vor allem für Diabetiker unverträglich. Aber auch gesunde Menschen sollten sich bei Datteln möglichst zurückhalten.

Hildegard schreibt dazu:
„Die Dattelpalme ist warm und feucht. Sie ist klebrig wie Kleister und bezeichnet die Glückseligkeit. Wenn man die Frucht kocht und ißt, erhält der Körper dadurch fast so viel Kraft wie durch den Genuß von Brot. Aber es kann ihn leicht dämpfig machen (d. h. die Lungen angreifen) und beschwert seinen Organismus, wenn er zuviel davon ißt." (*Physica*)

Zu den drei Pflanzen, die Hildegard Kranken wie Gesunden uneingeschränkt empfiehlt, gehört neben Dinkel und Fenchel die Eßkastanie.

Eßkastanie
Die Eß- oder Edelkastanie, auch Marone genannt, gehört zu den Buchengewächsen. Sie stammt wahrscheinlich aus Kleinasien. Während sie in der Tertiärzeit noch bis in den hohen Norden Europas verbreitet war, findet man sie heute bei uns nur noch in Gebieten, die auch für den Weinanbau geeignet sind.

Die Kastanie enthält Stärke, Fette und reichlich Vitamin B und C. Sie wird als besonderer Leckerbissen gebraten (Maroni), wobei durch ihre dicke Schale alle wertvollen Inhaltsstoffe erhalten bleiben.

Hildegard empfiehlt Kastanien zur Kräftigung der Nerven und zu einer besseren Durchblutung des Kopfes sowie gegen Depressionen und bei Milz- und Leberbeschwerden.

„Der Kastanienbaum ist sehr warm und hat eine große Kraft, die dieser Wärme beigemischt ist. Der Kastanienbaum bezeichnet die Weisheit. Was in ihm ist und auch seine Frucht ist nützlich gegen jede Schwäche des Menschen. Menschen, deren Hirn trocken und leer ist, sollten die Fruchtkerne in Wasser kochen, dann das Wasser abgießen und die Kastanien vor und nach den Mahlzeiten essen. Dadurch werden die Nerven gestärkt, auch Kopfschmerzen werden gelindert.

Bei Herzschmerzen und Depressionen helfen die rohen Kerne. Diese gießen dem Herzen einen Saft wie Schmalz ein, der Mensch wird gestärkt und er wird seinen Frohsinn wiederfinden. Wer unter Leberschmerzen leidet, sollte die gekochten Kastanien zerquetschen und in Honig einlegen und häufig davon essen.

Bei Milzschmerzen empfehlen sich die gerösteten Kerne, noch warm gegessen." (*Physica*)

Feigen
Die Feige wird neben Wein und Olive bereits im Alten Testament erwähnt. Sie ist im Mittelmeerraum sowie in Kleinasien beheimatet. Feigen sind sehr mineralstoffreich (vor allem an Kalzium) und enthalten außerdem das Vitamin B1. Frische Feigen enthalten außerdem 16 Prozent Zucker (getrocknete Feigen etwa 60 Prozent!). In der Medizin dienen sie als mildes Abführmittel.

Hildegard empfiehlt rohe Feigen nur kranken Menschen. Gesunde sollten sie in der von ihr empfohlenen Zubereitungsform genießen:
„Der Feigenbaum ist mehr warm als kalt. Die Frucht des Baumes ist einem gesunden Menschen nicht bekömmlich, weil er dadurch schlecksüchtig und wankelmütig wird. Körperlich wirkt die Feige auf seine Säfte, als wäre sie sein Feind. Kranke und schwache Menschen dürfen aber durchaus Feigen essen, weil sie ihnen das geben, was ihnen im Moment fehlt. Wenn gesunde Menschen Feigen essen wollen, sollten sie sie vorher in Wein oder Essig einlegen und nur mäßig davon essen." (*Physica*)

Fleisch

Ob jemand Fleisch essen möchte oder nicht, ist meistens keine gesundheitliche, sondern eine ideologische Frage. Die Gesundheit wird weder bei der einen noch bei der anderen Ernährungsweise beeinträchtigt – solange man sich an Hildegards Regel von der *discretio* hält.

Natürlich sind heute viele Menschen in bezug auf das Fleischessen verunsichert – man denke an die Hormonskandale in der

Kälbermast, an die Massentierhaltung von Geflügel und Schweinen, an die Tiertransporte, an BSE usw. Andererseits ist Fleisch immer noch eine wichtige Nahrungsquelle, die dem Menschen aufbauende Lebensstoffe zuführt und zu köstlichen Gerichten verarbeitet werden kann. Wichtig ist:
- daß man nicht täglich Fleisch ißt, sondern mit rein vegetarischen Gerichten abwechselt
- daß es vor einem Fleischgericht immer einen frischen Salat gibt
- daß Sie Fleisch grundsätzlich nur aus Ihnen bekannten Quellen kaufen, also kein Fleisch aus Massentierhaltung usw.

Fleisch ist nicht als allein auslösender Faktor für Erkrankungen verantwortlich zu machen, obwohl es – wie z. B. bei der Gicht – die Symptome verschlimmern kann. Andere Nahrungsmittel kommen ebenso als Auslöser in Frage, etwa gebleichter Zucker, Auszugsmehle usw. Eine ausgewogene, vollwertige Ernährung wird dem gesunden Menschen helfen, gesund zu bleiben, und kranken Menschen eine bessere Kondition bescheren.

Wenn Sie planen, Ihre Ernährung umzustellen, sollten Sie dies – besonders wenn Sie schwach und angegriffen sind – nicht abrupt und von einem Tag auf den andern tun. Gehen Sie Schritt für Schritt langsam vor, etwa indem Sie zunächst vor jedem warmen Essen einen Rohkostsalat essen, dann Fleisch immer mehr durch Gemüse und Getreide ersetzen, Vollkornbrot statt helles Brot essen, vielleicht ein frischgeschrotetes Morgenmüsli einführen usw. So kann der Körper sich leichter umstellen – und auch die Familie wird sich durch diesen langsamen Übergang leichter an die neue Ernährungsweise gewöhnen. In dem Band *Küche aus der Natur* sind viele leckere Rezepte zu finden, die zeigen, daß eine fleischarme, gemüse- und getreidereiche Ernährung weder freudlos noch langweilig sein muß.

Im Mittelalter war neben dem Getreide das Fleisch ein wesentlicher Eiweißlieferant, und auch die Klosterfrau Hildegard von Bingen hat das Fleisch nie abgelehnt. Sie kannte übrigens einige Fleischsorten, die uns heute kaum mehr zugänglich – und vielleicht gar nicht so erstrebenswert – sind. Der Kuriosität halber sollen auch diese Fleischarten hier kurz erwähnt werden, mitsamt Hildegards Kommentar dazu.

Bärenfleisch

Wer nicht gerade in den Karpaten oder in Kanada selbst auf die Jagd geht, wird wohl kaum in Versuchung kommen, Bärenfleisch zu essen. Und wenn er es dann einmal interessehalber probiert, ist der gesundheitliche Schaden nicht groß. Zu Hildegards Zeiten allerdings gab es noch Bären in unseren heimischen Wäldern, die natürlich „bejagt" wurden. Und natürlich wurde ihr Fleisch von den erfolgreichen Jägern gegessen.

Hildegard allerdings rät von Bärenfleisch ab:

„Der Bär hat Wärme fast wie der Mensch. Sein Fleisch entzündet im Menschen eine Begierde, so wie – als Gegenbeispiel – das Wasser seinen Durst löscht. Ähnliches bewirkt Schweinefleisch und das Fleisch anderer Tiere, aber nicht so stark wie das Bärenfleisch. Dieses bewirkt, daß der Mensch in seiner Begierde wie ein Rad umhergewälzt wird." (*Physica*)

Elchfleisch

Elchfleisch wird vor allem in Kanada und in den skandinavischen Ländern angeboten. Es ist sehr wohlschmeckend, und es schadet sicherlich nicht, es wenigstens einmal zu probieren.

Zur ständigen Ernährung eignet es sich nach Hildegards Worten allerdings nicht:

„Der Elch ist warm, stark und kühn. Aber gerade wegen seiner Stärke ist sein Fleisch für die menschliche Nahrung nicht geeignet." (*Physica*)

Eselfleisch

In südlichen Ländern wird Eselfleisch mitunter zur Wurstbereitung – vor allem von Salami – verwendet.

Hildegard lehnt Eselfleisch ab mit der folgenden Begründung:
„Der Esel ist mehr warm als kalt, und er ist dumm. Sein Fleisch ist für die menschliche Nahrung ungeeignet, denn es ist stinkend von jener Dummheit." (*Physica*)

Froschfleisch

Es gibt Menschen, die Froschschenkel für eine Delikatesse halten – obwohl diese den Fröschen bei lebendigem Leibe herausgerissen werden.

Zu Froschfleisch in der menschlichen Ernährung schreibt Hildegard nichts, allerdings:
„Der Frosch ist kalt und etwas wässerig. Daher hat er nicht so üble Kräfte in sich wie die Kröte." (*Physica*)

Pferdefleisch

Auf Jahrmärkten sowie in Spezialschlachtereien wird auch heute noch bei uns Pferdefleisch angeboten. Manchen Menschen gilt es als wahre Delikatesse, obwohl ihm ein unangenehmer, etwas süßlicher Geruch anhaftet.

Hildegard jedenfalls rät vom Genuß des Pferdefleisches ab:
„Das Pferd ist mehr warm als kalt. Sein Fleisch ist zäh und schwer zu essen. Es ist dem Menschen nicht zuträglich, denn es kann wegen seiner Stärke nur schwer verdaut werden. Das Fleisch von Wiederkäuern kann wesentlich besser gegessen werden, während das Fleisch von Tieren, die nicht wiederkäuen, schwerer verdaulich ist." (*Physica*)

Wild

Über das bei uns auch heute noch erhältliche und beliebte Wildfleisch äußert Hildegard von Bingen sich wesentlich positiver. Sie lobt seinen gesundheitlichen Wert und nimmt dabei lediglich das Wildschwein aus, das sie genauso ablehnt wie das Hausschwein, das sich „von Unreinem" ernährt. Besonders empfiehlt Hildegard die Leber von Reh und Hirsch als stärkende Nahrung, vor allem für Kranke. Da aber gerade die Leber von Wildtieren heute besonders stark durch die Umweltverschmutzung belastet ist, kommt sie nicht mehr zum Verkauf und wäre in unserer Zeit auch eher schädlich als nützlich.

Hasen- und Kaninchenfleisch

Über die Verwendung dieser Fleischarten in der Küche äußert Hildegard sich nicht, obwohl gerade im Mittelalter sehr viel Niederwild gegessen wurde. Über den Hasen allerdings macht sie eine Anmerkung, die ihn innerhalb ihrer Ernährungslehre durchaus akzeptabel erscheinen läßt:

> „Der Hase ist mehr warm als kalt. Er hat die Sanftheit des Schafes und die Sprünge des Rehs." (*Physica*)

Hirschfleisch

Hirschfleisch ist auch heute wegen seines geringen Fettgehalts eine willkommene Bereicherung für die Küche. Besonders ist es natürlich für ein Festessen – etwa zu Weihnachten – geeignet.

Hildegard empfiehlt das Hirschfleisch Gesunden wie Kranken gleichermaßen:

> „Der Hirsch hat plötzliche Wärme in sich. Er ist nicht sehr kalt, eher warm. Sein Fleisch ist für Gesunde und für Kranke bekömmlich." (*Physica*)

Rehfleisch

Für das Reh gilt Ähnliches wie für den Hirsch. Es ist allerdings noch verträglicher:

> „Das Reh ist gemäßigt und sanft und hat eine reine Natur. Sein Fleisch ist für gesunde und kranke Menschen gut zu essen." (*Physica*)

Haustiere

Von den Haustieren kommen für Hildegard – mit Einschränkungen – nur Rind, Schaf, Ziege und Geflügel in Frage. Das Schwein lehnt sie wegen seiner „Unreinheit" ab. Dabei kann das Fleisch von naturgemäß gehaltenen Schweinen (die übrigens zu den saubersten und intelligentesten Haustieren gehören) nicht nur besonders schmackhaft, sondern auch gesund sein. Allerdings gibt es Menschen, denen Schweinefleisch überhaupt nicht bekömmlich ist und die mit Ausschlägen, Magenbeschwerden und anderen Krankheiten darauf reagieren. Hier ist es wichtig, auf den eigenen Körper zu hören und zu erspüren, was ihm bekömmlich ist. Wenn Sie Schweinefleisch mögen und es gut vertragen, wäre es sicherlich falsch und wohl auch nicht im Sinne von Hildegards Ernährungslehre, gänzlich darauf zu verzichten. Hildegard von Bingen betont immer wieder, daß die Nahrung dem Menschen ein fröhliches Herz machen soll. Und solange Sie Ihr Lieblingsfleisch in Maßen genießen, wird dies sicherlich der Fall sein.

Rindfleisch

Rindfleisch kann Hildegard nicht ohne Einschränkung empfehlen. Für gesunde Menschen kann es förderlich und gesund sein. Kranken dagegen, die etwa unter einer schlechten Durchblutung leiden und leicht frösteln, ist von Rindfleisch in jeder Zubereitungsform abzuraten. Außerdem ist Rindfleisch nicht so leicht verdaulich, so daß es zu Magen- und Darmproblemen kommen kann.

„Das Rind ist von seiner Natur her kalt. Wegen dieser Kälte ist sein Fleisch auch nicht für kalte Menschen zum Verzehr geeignet. Dagegen ist es aus dem gleichen Grund gut für Menschen, die von Natur aus warm sind. Rinderleber stärkt den Menschen wegen ihrer guten Natur." (*Physica*)

Schaffleisch

Schaffleisch, besonders das Fleisch von Lämmern, ist ein sehr bekömmliches Fleisch. Hildegard empfiehlt, es möglichst im Sommer zu essen – das entspricht den Schlachtterminen für die zarteren Jungtiere, deren Fleisch ab Ostern auf den Markt kommt. Selbst wenn Sie kein frisches Schaffleisch bekommen, ist wohl ihr Hinweis auf den Zeitpunkt, wann das Fleisch gegessen werden soll, bedeutsamer als der Schlachttermin. Sie können auch auf tiefgefrorenes Fleisch zurückgreifen – beispielsweise auf das hervorragende Lammfleisch aus Neuseeland. Im Sommer gegessenes Schaffleisch ist für Kranke und Gesunde gleichermaßen nützlich, während im Winter gegessenes Schaffleisch wegen seiner ihm anhaftenden Kälte den Menschen noch mehr auskühlen würde.

„Das Schaf ist kalt, aber dennoch wärmer als das Rind. Es ist feucht und einfach und enthält keine Bitterkeit und Herbheit. Sein Fleisch ist für gesunde und kranke Menschen gleichermaßen gut zu essen. Sehr geschwächte Menschen, deren Adern welk sind, sollten die Brühe, in der Schaffleisch gekocht wurde, so oft trinken, wie sie mögen. Dazu können sie in Maßen auch das Schaffleisch essen. Nach der Genesung dürfen sie dann reichlicher von dem Fleisch essen.
Schaffleisch sollte man im Sommer essen, weil es durch die Hitze erwärmt wird. Als Nahrung im Winter ist es nicht geeignet, weil Schaffleisch kalt ist und auch der Winter kalt ist." (*Physica*)

Ziegenfleisch

Dieses Fleisch gilt bei uns als besondere Delikatesse, weil in Deutschland nur wenige Ziegen gehalten werden. Das war noch bis in unser Jahrhundert ganz anders: Die Ziege galt als die „Kuh des kleinen Mannes", die ihm neben Milch, Käse und Butter auch wohlschmeckendes und gesundes Fleisch lieferte. Ähnlich war es zu Hildegards Zeiten.

Auch beim Ziegenfleisch empfiehlt Hildegard von Bingen den Verzehr hauptsächlich in den Sommermonaten. Am besten ist ihrer Meinung nach dieses Fleisch im August.

„Die Ziege hat eine sehr plötzliche Wärme und eine unbeständige Art. Ihr Fleisch ist für gesunde und kranke Menschen gleichermaßen geeignet. Wenn man häufig Ziegenfleisch ißt, können dadurch zerbrochene und zerquetschte Eingeweide geheilt werden, außerdem heilt und stärkt das Fleisch den Magen." (*Physica*)

Geflügel

Der Geflügelhof war zu Hildegards Zeiten eine wichtige Einrichtung jedes Klosters und jedes Herrenhofes. Während der vielen Fastentage (deren es im Mittelalter bis zu 150 im Jahr gab) durfte ja kein Fleisch gegessen werden, so daß der Bedarf an Eiern entsprechend groß war. Aber natürlich verachteten die Menschen auch damals nicht das zarte Geflügelfleisch.

Ente

Während Hildegard die Wildente Gesunden und Kranken empfiehlt, rät sie bei der Hausente kranken Menschen vom Verzehr ab – möglicherweise, weil die Hausente einen wesentlich höheren Fettgehalt hat und dadurch den Organismus entsprechend stärker belastet. Gesunde Menschen sollten beide Entenarten allerdings nur essen, wenn sie nach dem von Hildegard angegebenen Rezept mit einer Salbeifüllung zubereitet sind, weil dieses Würzkraut die schädlichen Säfte mindert.

> „Die Ente, die zahm ist, hat eine schwere Wärme. Sie ernährt sich von Unreinem. Aber das Unreine, das sie verschlingt, wird durch das Wasser, in dem sie oft schwimmt, gereinigt und wieder ausgeschieden.
> Gesunde können ihr Fleisch vertragen, Kranke aber nicht. Enten sollten nicht in Wasser gekocht, sondern gebraten werden und vorher mit Salbei und anderen Kräutern gefüllt werden." (*Physica*)

Gans

Auch Gänse gehörten auf den Geflügelhof, nicht nur wegen ihres Fleisches, sondern auch wegen der Federn, die im Winter in den eiskalten Schlafzimmern – zu Federbetten verarbeitet – willkommene Wärme lieferten.

Hildegard rät Kranken gänzlich vom Verzehr von Gänsebraten ab – der ihnen nach neuesten ernährungswissenschaftlichen Erkenntnissen viel zu schwer im Magen liegen würde – und kann ihn auch gesunden Menschen nicht uneingeschränkt empfehlen. Detailliert geht sie in ihren Schriften auf die richtige Zubereitung des Gänsebratens ein:

> „Die Gans ist warm und ernährt sich sowohl von reiner wie von unreiner Nahrung. Wegen dieser doppelten Natur ist sie kranken Menschen nicht empfehlenswert, während gesunde Menschen das Gänsefleisch eher vertragen. Vor dem Braten sollte die Gans mit Salbei und anderen Kräutern gefüllt werden, damit der Saft der Kräuter das Fleisch durchdringt. Während des Bratens sollte sie immer wieder mit Wein und Essig besprengt werden." (*Physica*)

Huhn

Hühnerfleisch dürfen sogar Kranke essen, wenn es in der Suppe mit anderem Fleisch – beispielsweise Schaf- oder Rindfleisch – gekocht wurde. Obwohl dem gesunden Menschen ebenfalls gekochtes Hühnerfleisch bekömmlicher ist, darf er auch gebratenes Huhn essen.

„Das Huhn ist von kalter und trockener Natur. Das Fleisch ist gesunden Menschen durchaus bekömmlich, denn es macht nicht fett – auch die Kranken erquickt es ein wenig. Allerdings sollten sehr kranke Menschen nicht zu oft Hühnerfleisch essen, sonst entsteht Schleim im Magen und macht diesen so krank, daß er das Fleisch kaum verdauen kann. Dies rührt von der kalten Beschaffenheit des Huhns her. Wenn jemand sehr krank ist, sollte er das Hühnerfleisch zusammen mit einem anderen beliebigen Fleisch kochen lassen. Dadurch wird es durch den Saft der anderen Fleischarten gemäßigt. Gebratenes Hühnerfleisch sollten Kranke allerdings meiden, weil es zu schwer verdaulich ist." (*Physica*)

Taube

Obwohl die Taubenbrühe traditionell bis in unsere Zeit hinein als ideale Krankenkost galt, auf den Geflügelhöfen der Klöster und Gutshöfe des Mittelalters immer ein Taubenhaus stand und Wildtauben zu beliebten Jagdobjekten zählten, kann Hildegard das Taubenfleisch nicht empfehlen: Den Kranken schadet es, und den Gesunden nützt es nichts.

„Die Taube ist mehr kalt als warm. Ihr Fleisch ist nicht fest, sondern etwas dürr, so daß sie dem Menschen nicht viel Saft verleiht. Einem gesunden Menschen schadet sie zwar nicht – aber sie nützt ihm auch nicht. Einem Kranken jedoch, dessen Körper geschwächt ist, schadet sie nur." (*Physica*)

Fisch

Fisch war im Mittelalter nicht nur eine willkommene, eiweißreiche Ergänzung des Küchenzettels, sondern wegen der vielen Fastentage, an denen kein Fleisch gegessen werden durfte, eine köstliche Abwechslung zu Mehl- und Eierspeisen. Hildegard von Bingen kannte als Süddeutsche kaum Meeresfische, lediglich der Hering und die Scholle werden bei ihr erwähnt; ansonsten beschränkt sie sich auf Süßwasserfische.
Sie lehnt sowohl den Aal als auch den Lachs als schädlich für den Menschen ab.

Barsch

Der Barsch wird nach Hildegards Ansicht von gesunden wie kranken Menschen gut vertragen:

„Der Barsch entstammt mehr der warmen als der kalten Luft. Er hält sich gerne in der Reinheit und in der Mitte der Gewässer auf. Sein Fleisch kann gesunden und kranken Menschen empfohlen werden." (*Physica*)

Forelle

Bei Forellen rät Hildegard kranken Menschen vom Verzehr ab, während gesunde Menschen sie unbeschadet essen können:

„Die Forelle entstammt mehr der warmen als der kalten Luft. Für kranke Menschen ist sie nicht geeignet, gesunden dagegen bringt sie keinen Schaden." (*Physica*)

Hering

Kranke und gesunde Menschen dürfen gelegentlich durchaus gebratene Heringe essen, ohne daß es ihnen schadet.

„Der Hering hat eine kalte und unbeständige Natur. Frisch gefangene Heringe sind nicht gut zu essen, denn sie lassen den Menschen leicht aufschwellen und machen seinen Körper inwendig eitrig. Für Kranke und für Gesunde empfiehlt es sich deshalb eher, den Hering gebraten als roh zu essen."
(*Physica*)

Karpfen

Gesunde Menschen können ohne Bedenken Karpfenfleisch essen. Kranken dagegen rät Hildegard von seinem Verzehr ab. Ältere Karpfen sollte man gar nicht essen, da sie nicht nur die Sumpfwärme in sich haben, sondern auch einen stark moosigen Geschmack – immerhin können Karpfen mehrere Jahrzehnte alt werden!

> „Der Karpfen ist mehr warm als kalt. Er hat die Wärme der Sümpfe in sich, in ihnen sucht er seine Nahrung. Dem Gesunden schadet sein Fleisch nicht, dem kranken Menschen kann es jedoch unzuträglich sein." (*Physica*)

Wels

Dieser Fisch hat so bekömmliches Fleisch, daß er von kranken und gesunden Menschen gleichermaßen ohne Schaden gegessen werden kann. Früher hielt man seine Leber für ein besonders gutes Heilmittel gegen Magenkrankheiten, während sein Herz als eher schädlich betrachtet wurde.

> „Der Wels stammt mehr von der warmen als von der kalten Luft. Er ernährt sich vom Getreide, das ins Wasser fällt, und von anderen guten Pflanzen. Er hat gesundes Fleisch und ist deshalb für gesunde und kranke Menschen gut zu essen." (*Physica*)

Honig, Eier und Milcherzeugnisse

Man muß in Hildegards Schriften lange suchen, ehe man Äußerungen zu diesen Nahrungsmitteln findet. Vielleicht liegt das daran, daß sie im Mittelalter so selbstverständlich waren – den Honig brauchte man zum Süßen, da Zucker eine rare und teure Ware war. Milch gaben Kuh und Ziege, und Eier waren oft neben dem Getreide und den gelegentlich gefangenen Fischen die einzige Alternative zum Fleisch, wenn einer der vielen Fastentage anstand.

Honig

Hildegard von Bingen erwähnt den Honig oft im Zusammenhang mit Heilmitteln, die mit ihm zubereitet werden, etwa in Heilweinen oder verschiedenen Formen von Heilsirup, beispielsweise bei Petersilienwein gegen Herzschwäche oder Honigsirup gegen Husten. Immer wieder empfiehlt sie, die pflanzlichen Wirkstoffe in Honig einzuarbeiten, also muß sie um dessen Heilkräfte gewußt haben.

Honig wird seit alters her nicht nur als köstliches Nahrungsmittel, sondern auch als geradezu universelles Heilmittel hoch geschätzt. Honig besteht zum größten Teil aus Frucht- und Traubenzucker und enthält in reichem Maße Vitamine, Mineralien und Spurenelemente.

Er regt den Stoffwechsel an und ist ein wertvolles Herz- und Nervenmittel. Achten Sie beim Einkauf darauf, daß Sie einen naturreinen und keinen überhitzten Honig bekommen. Sie können Honig als Alternative zum Zucker verwenden, etwa beim Süßen von Tees und Desserts. Sogar zum Backen können Sie ihn nehmen, weil die wertvollen B-Vitamine relativ unempfindlich gegen Hitze sind.

Obwohl Hildegard immer wieder Heilrezepte auf Honigbasis angibt, schreibt sie:
> „Ein Mensch, der dick ist und festes Fleisch hat, bereitet durch den Verzehr von Honig eine innere Fäulnis vor. Aber auch wer mager und innerlich trocken ist, wird selbst von gekochtem Honig geschädigt." (*Physica*)

Eier

Das in Eiern enthaltene Eiweiß ist besonders leicht verdaulich. Auch viele Gemüse und natürlich Fleisch enthalten reichlich Eiweiß. Kurioserweise ist im Ei das meiste Eiweiß im Eigelb enthalten. Veganer lehnen Eier als Tierprodukt streng ab, während Vegetarier ihre Nahrung gerne mit Eiern bereichern. Im Mittelalter waren Eierspeisen eine willkommene Abwechslung während der fleischlosen Zeit der Fastentage.

Hildegard von Bingen spricht sich gegen die Eier von Enten und Gänsen aus. Diese werden auch heute nicht in der Küche verwendet (Ausnahme: Enteneier zum Backen). Die Eier von Wildvögeln lehnt sie ebenfalls ab, während Hühnereier durchaus akzeptiert werden:

> „Alle Eier von Vögeln, die immer im Flug sind und kräftig fliegen können, sollen nicht gegessen werden. Aber die Eier des Haushuhns können mäßig gegessen werden." (*Physica*)

Milch und Milcherzeugnisse
Bei der *Milch* unterscheidet Hildegard ihre Zuträglichkeit nach der Jahreszeit. Das hat möglicherweise seinen Grund darin, daß die Milch von Kühen, die im Sommer auf die Weide gehen, fetter ist als die Wintermilch, die ja zu einem großen Teil durch Heufütterung erzeugt wird.

> „Die Milch von Kühen, Ziegen und Schafen ist im Winter heilsamer als im Sommer. Die Sommermilch schadet den gesunden Menschen, Kranke und Schwache allerdings dürfen sich durch sie etwas stärken." (*Physica*)

Wichtig ist, daß Sie beim Einkauf der Milch auf die Herkunft achten. Wenn Sie direkt beim Bauern kaufen, sollten Sie sich vergewissern, daß die Kühe nicht überwiegend mit Silage gefüttert werden – das gibt der Milch einen leicht bitteren Geschmack. Am empfehlenswertesten ist Milch von einem „Biohof". Sie erhalten sie im Reformhaus oder im Naturkostladen, manchmal auch direkt beim Erzeuger. Diese Milch ist zwar etwas teurer als die Milch aus dem Supermarkt, aber sehr viel wertvoller und wohlschmeckender.

Da Hildegard von Bingen die Margarine noch nicht kannte – diese wurde erst im letzten Jahrhundert erfunden –, sei hier nur kurz angemerkt, daß alle, die keine Butter mögen oder vertragen, möglichst Margarine aus dem Naturkostladen oder Reformhaus verwenden sollten. Diese ist nicht nur schonender hergestellt, sondern enthält mehr wertvolle Inhaltsstoffe als andere Margarinesorten.

Über die *Butter* schreibt Hildegard:

„Die Kuhbutter ist heilsamer als Schaf- und Ziegenbutter. Ein Mensch mit Lungenproblemen oder Husten oder von großer Magerkeit sollte Butter essen. Diese heilt ihn innerlich und erfrischt ihn. Auch für gesunde Menschen, die kein übermäßiges Fett am Körper haben, ist die Butter gut und gesund. Dicke Menschen allerdings sollten Butter nur in Maßen essen, damit sie nicht noch dicker werden." (*Physica*)

Über den *Käse* habe ich bei Hildegard von Bingen keine Hinweise gefunden. Man kann aber davon ausgehen, daß für den Käse das gleiche gilt wie für die Butter.

Die Würzkräuter der heiligen Hildegard

Würzkräuter geben den Speisen nicht nur ein besonderes, oft charakteristisches Aroma (man denke nur an die Mittelmeerküche mit Rosmarin, Thymian, Basilikum usw.), sie machen viele Speisen auch bekömmlicher. Dies ist z. B. bei Majoran der Fall, den man zur Wurst gibt, beim Bohnenkraut in Bohnengerichten, bei Wacholderbeeren zum Braten und zum Sauerkraut usw. Die meisten Würzkräuter sind gleichzeitig Heilpflanzen – dazu wird ausführlich in einem späteren Band berichtet. Auch über den Anbau bzw. das Sammeln der verschiedenen Würzpflanzen finden Sie in den Bänden *Küche aus der Natur* und *Pflanzen- und Kräuterkunde* Genaueres.

Basilikum

Basilikum ist ein Küchenkraut, das vor allem in den Mittelmeerländern kultiviert wird. Es ist ein besonders edles Gewürzkraut und erfreut sich sowohl frisch wie getrocknet großer Beliebtheit. Es enthält Mineralstoffe, Enzyme (dies sind Fermente, die dem Körper helfen, die Nahrung besser aufzuschließen) und – im frischen Zustand – auch Vitamine.

In gekochten Gerichten läßt man Basilikum am besten mitkochen. Bei Rohkost (vor allem bei Tomaten) geben Sie es kurz vor dem Servieren dazu. Hier wirkt es vor allem gegen Verdauungsbeschwerden. Als Gewürz (auch getrocknet) schmeckt Basilikum zu Schaffleisch, Kalbfleisch, Fisch, Erbsen und Kräutermayonnaisen.

Sie können Basilikum in Ihrem eigenen Garten oder auf der Fensterbank ziehen. Ab Frühjahr gibt es Basilikum in Töpfen nicht nur in Gärtnereien, sondern auch in vielen Supermärkten.

Hildegard von Bingen empfiehlt das Basilikum allerdings in der Hauptsache als Arzneimittel, vor allem gegen Fieber. Dazu mehr in dem Band *Pflanzen- und Kräuterheilkunde*.

Beifuß

Der Beifuß enthält reichlich Bitterstoffe, die Vitamine A, B und C, außerdem Inulin, einen stärkeähnlichen Stoff.

Beifuß wirkt appetitanregend und vor allem verdauungsfördernd. Deshalb sollte er bei keiner fetten Speise fehlen. Dies gilt vor allem für Ente und Gans sowie für fettes Schaffleisch. Man kann damit aber auch Fisch, Rohkost, Gemüse und Pilze würzen.

Beifuß findet sich in der freien Natur, und man kann ihn im Garten ziehen. Getrockneten Beifuß, der ebenfalls verwendet werden kann, erhalten Sie in der Apotheke.

Hier Hildegards Kommentar zum Beifuß:
„Der Beifuß ist sehr warm. Er heilt kranke Eingeweide und wärmt den kranken Magen. Wenn jemand durch den Genuß von Speisen oder Getränken unter Magen- oder anderen Beschwerden leidet, sollte er sein Essen immer zusammen mit Beifuß kochen. Dieser nimmt die Fäulnis weg, die sich der Betroffene durch frühere Speisen und Getränke zugezogen hat." (*Physica*)

Bertram
Dieses im allgemeinen wenig verwendete Gewürzkraut gilt in der Hildegard-Küche gewissermaßen als Universalgewürz. In den südlichen Mittelmeerländern wird der Bertram auch als Heilpflanze kultiviert. Er unterstützt die Speichelbildung, das bedeutet, daß alle damit gewürzten Gerichte besser verdaut werden können.

Die gemahlene Wurzel – sie ist im Reformhaus und in der Apotheke erhältlich – wird messerspitzenweise dem Essen zugesetzt.

Hildegard schreibt über dieses Gewürz:
„Der Bertram ist von gemäßigter und etwas trockener Wärme. Dies ist eine reine Mischung, die eine gesunde Frische erhält. In einem gesunden Menschen vermindert das Gewürz die innere Fäulnis und vermehrt das gute Blut, außerdem sorgt es für einen guten Verstand. Aber auch Kranke, sogar Schwerkranke, bringt es wieder zu Kräften. Bertram schickt nichts aus dem Menschen unverdaut hinaus, sondern sorgt für eine gute Verdauung." (*Physica*)

Dill

Dill hat nicht nur einen angenehmen Geschmack, sondern gilt gewissermaßen auch als Diätgewürz, vor allem bei Gicht und rheumatischen Erkrankungen. Er kann zudem Magenschmerzen, Blähungen und Übelkeit verhindern. Deshalb gibt man ihn vor allem gern an die Soße; aber auch zu vielen Rohkostgerichten paßt Dill hervorragend. Das gleiche gilt für gedünstetes Gemüse und Gemüsesuppen. Geben Sie den Dill immer erst gegen Ende der Garzeit zu den Speisen, so werden seine Wirkstoffe nicht durch die Hitze zerstört und sein charakteristisches Aroma bleibt erhalten.

Dill können Sie das ganze Jahr über frisch sogar in Supermärkten kaufen; es gibt ihn auch tiefgefroren. Auch im Garten läßt sich Dill leicht anbauen – er ist recht anspruchslos. Und frisch geernteter Dill ist natürlich von Duft und Geschmack her noch viel intensiver.

Hildegard über den Dill:
„Der Dill ist trocken, warm und gemäßigt. Roh sollte man ihn nicht genießen, weil er den Menschen dann traurig macht und ihm auch deshalb übel bekommt, weil er die Feuchtigkeit und manchmal auch die Fettigkeit der Erde in sich enthält. Aber gekocht gegessen unterdrückt er die Gicht, und so ist er nützlich in der Küche." (*Physica*)

Dost

Dieses Gewürz ist bei uns besser bekannt als „Oregano" und wird viel für Rezepte aus der Mittelmeerküche verwendet. Es enthält neben ätherischen Ölen (die ein wenig an die Minze erinnern) auch Harz- und Bitterstoffe. Es wirkt gegen Verdauungsstörungen und Blähungen, außerdem gegen Beschwerden von Milz und Leber.
Oregano gibt es getrocknet in jedem Supermarkt, und Sie können es selbst in Ihrem Garten ziehen.

Hildegard empfiehlt den Dost zwar für einige Heilmittel, rät aber von der Anwendung in der Küche ab:

> „Der Dost ist warm und trocken, aber weder das eine noch das andere überwiegt. Wenn ein Mensch ihn in seinen Körper aufnimmt, schädigt er seine Lunge und seine Leber."
> (*Physica*)

Fenchel

Der aus dem Mittelmeer stammende Fenchel wird heute in ganz Europa angebaut. Während die Knollen und das Fenchelgrün einen dillähnlichen Geschmack haben, erinnern die Samen an Kümmel und Anis. Die weißen und grünen Teile des Fenchels enthalten das Provitamin A sowie die Vitamine B und C, außerdem Kalzium und Phosphor. In den Samen sind natürliche Zuckerverbindungen, Eiweiß und ätherische Öle.

Fenchel wirkt verdauungsfördernd und beugt Blähungen vor. So machen die frischen, feingehackten Blätter schwerverdauliche Gerichte wie beispielsweise Hülsenfrüchte bekömmlicher. Außerdem können Sie damit Fischsud sowie Soßen, Salate, Marinaden, Mayonnaisen und Füllungen für Fisch würzen. Fenchelsamen werden vor allem für Gebäck, Brot, Suppen nach italienischer Art, Salate und Marinaden verwendet. Fenchelknollen, an denen immer noch etwas Fenchelkraut ist, erhalten Sie das ganze Jahr über im Supermarkt. Sie können sie selbstverständlich auch selbst im Garten anbauen. Fenchelsamen gibt es ebenfalls in allen Geschäften, außerdem in Reformhäusern und Apotheken.

Hildegard schätzt den Fenchel nicht nur als Gemüse besonders hoch ein, sondern auch in jeder anderen Form, z. B. als Würzmittel:

> „Der Fenchel hat eine angenehme Wärme. Er ist weder von trockener noch von kalter Natur. Wie auch immer er gegessen wird, macht er den Menschen fröhlich und vermittelt

ihm eine angenehme Wärme, außerdem eine gute Verdauung. Auch sein Same ist von warmer Natur und nützt der Gesundheit des Menschen." (*Physica*)

Gewürznelke
Der Gewürznelkenbaum stammt ursprünglich von den Molukken, einer indonesischen Inselgruppe, wird heute aber in tropischen Gebieten weltweit kultiviert.

Gewürznelken enthalten reichlich ätherische Öle und werden zusammen mit Wacholderbeeren und Lorbeer gern als Braten- oder Fischwürze verwendet. Sauer eingemachtem Kürbis geben sie ein besonders feines Aroma. In gemahlener Form kann man sie ebenfalls zum Backen, z. B. für Plätzchen, verwenden.

Hildegard empfiehlt Gewürznelken vor allem als Heilmittel, etwa bei Kopfschmerzen oder bei hohem Blutdruck. Über ihre Eigenschaften schreibt sie:
„Die Gewürznelke ist sehr warm und hat eine gewisse Feuchtigkeit in sich. Diese dehnt sich im Körper aus wie die angenehme Feuchtigkeit des Honigs." (*Physica*)

Ingwer
Der Ingwer ist ein uraltes Heil- und Würzmittel, das weltweit in tropischen Gebieten angebaut wird. Es wirkt appetitanregend und magenfreundlich. Besonders bekannt ist es in England, wo es zum Backen (*ginger bread*) und in Getränken (*ginger ale*) verwendet wird.
Ingwer erhalten Sie pulverisiert im Gewürzregal oder in der Apotheke. Frischer Ingwer ist bei uns nur im Winter und im Frühjahr erhältlich, also genau in der Jahreszeit, für die Hildegard von Bingen ihn empfiehlt.

Hildegard empfiehlt den Ingwer vor allem solchen Menschen, die in der dunklen Jahreszeit unter Appetitlosigkeit, Mattigkeit und allgemeiner körperlicher Abgeschlagenheit leiden. Dem gesunden Menschen ist Ingwer weniger förderlich.

„Der Ingwer ist warm und ausgedehnt, d. h. er zerfließt leicht im Körper. Einem gesunden Menschen schadet sein Genuß eher, denn es macht ihn dumm, müde und zügellos. Wer aber einen trockenen Körper hat und sehr schwach ist, sollte pulverisierten Ingwer in die Suppe oder auf sein Brot geben, dann wird es ihm bessergehen." (*Physica*)

Kerbel

Kerbel ist bei uns frisch kaum erhältlich – außer mit viel Glück an einem spezialisierten Kräuterstand auf dem Wochenmarkt. Man kann ihn aber leicht selbst im Garten anbauen. Getrockneten Kerbel finden Sie im Gewürzregal Ihres Supermarktes.

Kerbel ist sehr reich an Provitamin A und Vitamin C. Außerdem enthält er wertvolle Mineralstoffe und Spurenelemente, beispielsweise Eisen. Er wirkt leicht abführend und tut der Leber und den Nieren gut. In der Küche wird er vor allem in Soßen und Suppen verwendet, aber auch Gemüsen und grünen Salaten kann man damit einen besonderen Pfiff geben. Kerbel hat ein petersilienähnliches Aroma und erinnert zugleich ein wenig an Anis.

Hildegard allerdings möchte den Kerbel nur als Arzneimittel und nicht als Würze verwendet sehen, denn:

„Der Kerbel ist von trockener Natur. Er ist mehr warm als kalt, seine Wärme ist gesund. Weder roh noch gekocht taugt er zum Essen, nur in Heilmitteln ist er sehr nützlich." (*Physica*)

Knoblauch

In Asien und im Mittelmeerraum wurde der Knoblauch schon sehr früh nicht nur als Würz-, sondern auch als Heilmittel eingesetzt. Aber auch den Germanen war er schon bekannt.

Knoblauch enthält Eiweißstoffe, reichlich Vitamine und etwas Schwefel. Sein Hauptwirkstoff ist das ätherische Öl Allicin, durch welches auch der typische Geruch entsteht. Knoblauch wirkt gegen Bakterien und verschiedene Pilze. Er regt die Gallenfunktion an und entkrampft den Magen-Darm-Bereich.

Auch bei uns ist Knoblauch heute ein beliebtes Küchengewürz, das man Salaten, Gemüsen und Fleisch- und Fischgerichten beifügen kann. Sie erhalten Knoblauch in Pulverform im Gewürzregal. Besser sind jedoch die frisch verwendeten Knoblauchzehen, die es das ganze Jahr über am Gemüsestand gibt. Knoblauch läßt sich außerdem gut im Garten anbauen.

Hildegard über den Knoblauch:
„Der Knoblauch hat die richtige Wärme. Für gesunde und kranke Menschen ist er heilsamer als beispielsweise der Lauch. Allerdings sollte er roh gegessen werden, weil er sonst nicht mehr die rechte Wärme hat.
Knoblauch sollte in Maßen gegessen werden, damit das Blut im Menschen sich nicht übermäßig erwärmt. Nur alter Knoblauch sollte mitgekocht werden, damit er die ihm innewohnenden Kräfte wiedererlangt." (*Physica*)

Kümmel
Der Kümmel ist wahrscheinlich die älteste in Europa beheimatete Heil- und Gewürzpflanze – das belegen Funde aus der Jungsteinzeit. Er gedeiht wildwachsend in allen gemäßigten Zonen Europas, wird aber in einigen Gegenden auch feldmäßig kultiviert. Kümmel läßt sich ohne Probleme im Garten anbauen.

Er enthält zahlreiche ätherische Öle und schmeckt leicht süßlich – ein wenig wie Lakritze und Anis. Kümmel ist sehr magenfreundlich und verdauungsfördernd. Deshalb sollte man ihn an alle Kohl- und Sauerkrautgerichte geben. Auch bei selbstgebackenem Brot, zu Schweinebraten, Schaffleisch, Kartoffeln, Quark und Käse paßt er hervorragend.

Hildegard rät allerdings kranken – vor allem herzkranken – Menschen von der Verwendung des Kümmels ab. Dagegen sollten Lungenkranke vermehrt ihre Speisen mit Kümmel würzen.

„Der Kümmel ist von gemäßigter Wärme und trocken. Für Menschen, die unter Lungen- und Atembeschwerden leiden, ist er in jeder Form gut und gesund. Herzkranken allerdings schadet er, weil er das Herz nicht vollkommen erwärmt – und dieses muß immer warm sein. Gesunden Menschen ist er uneingeschränkt zu empfehlen, denn er gibt ihnen einen klaren Verstand und eine milde Wärme." (*Physica*)

Liebstöckel
Der Liebstöckel ist wegen seines charakteristischen Geruchs bei uns auch als „Maggikraut" bekannt. Er stammt vermutlich aus dem Iran und gedeiht wildwachsend vor allem im südlichen Europa. Bei uns kann man ihn problemlos im Garten oder auf der Fensterbank ziehen.

Liebstöckel enthält neben ätherischen Ölen verdauungsfördernde Bitterstoffe. Sein kräftiger Geschmack ähnelt dem Sellerie. Er paßt vor allem zu deftigen Speisen wie etwa Eintöpfen. Auch grünen Salaten gibt er eine besondere Note. Das gleiche gilt für frische, gedünstete Gemüse.

Dazu Hildegard:
„Der Liebstöckel ist von gemäßigter Wärme. Roh gegessen, macht er die Natur des Menschen eher zerfließend. Allein,

ohne alle anderen Würzen gekocht, macht er Geist und Körper schwer und unlustig. Zusammen mit anderen Würzen aber schadet er dem Menschen nicht so sehr."
(*Physica*)

Meerrettich

Der aus der Gegend um das Kaspische Meer in Rußland stammende Meerrettich gedeiht überall in Europa. Von ihm werden ausschließlich die Wurzeln verwendet, meistens in geriebener Form, aber auch in Scheiben geschnitten als Brotauflage (beispielsweise bei einer zünftigen bayerischen Brotzeit).

Der Meerrettich enthält Vitamin C, außerdem viel Schwefel und Kalium, dazu Kalzium, Phosphor, Eisen, Kupfer und Senföl. Er ist nicht nur eine delikate Würzpflanze, sondern hat zudem zahlreiche heilende Eigenschaften. Früher verwendete man ihn wegen seines Vitamin-C-Gehaltes gerne zur Vorbeugung gegen Skorbut, einer Vitaminmangelkrankheit. Da er die Verdauung stärkt, wird er gerne als gesunde Küchenwürze eingesetzt. Er schmeckt scharf und senfartig.

Rettiche bekommt man das Jahr über in den Supermärkten, und man kann sie problemlos selbst im Garten anbauen. Fertige Meerrettichpaste gibt es ebenfalls im Supermarkt. Meerrettich paßt zu Fisch und Fleisch, außerdem zu Salatmayonnaisen.

Hildegard schreibt über den Meerrettich:
„Er ist warm in seiner Natur. Besonders junger Meerrettich ist gut zu essen, vor allem für gesunde und starke Menschen, weil seine Grünkraft die guten Säfte in ihm stärkt."
(*Physica*)

Melisse

Die Melisse ist nicht nur ein altes Heilmittel der Klostermedizin – man denke nur an den berühmten „Melissengeist"! –, sondern seit langem ein beliebtes Würzmittel, vor allem für Salate.

Frische Melisse gibt es häufig in Supermärkten. Man kann sie natürlich genausogut im Garten und ohne Probleme selbst auf der Fensterbank ziehen.

Hildegard von Bingen empfiehlt die Melisse vor allem als Stimmungsaufheller:

> „Die Melisse ist warm. Der Mensch, der sie ißt, lacht gern, weil ihre Wärme seine Milz positiv beeinflußt und daher das Herz erfreut wird." (*Physica*)

Mohn

Der Mohn war bereits den Griechen und Römern bekannt. Sie verwendeten ihn nicht nur als Ölpflanze, sondern auch als schmerzstillendes und schlafförderndes Mittel. Mohn mit blauen Samen ist opiumfrei und kann ohne weiteres in der Küche – vor allem beim Backen – verwendet werden.

Der opiumhaltige Schlafmohn stammt aus der Schwarzmeerregion und wurde bereits um die Zeitenwende in Mitteleuropa bekannt. Die Mohnsamen dienten wegen ihres hohen Ölgehalts schon sehr früh als Nahrungsmittel.

Hildegard von Bingen sieht im Mohn vor allem ein Heilmittel, besonders bei Schlafstörungen, aber auch ein wirksames Mittel gegen Läuse.

> „Der Mohn ist kalt und mäßig feucht. Seine Körner führen den Schlaf herbei. Roh sind sie besser und nützlicher zu essen als gekocht." (*Physica*)

Muskatnuß

Die Muskatnuß gelangte aus den tropischen Regionen zu uns. Sie wird vielfach als Küchengewürz verwendet. In der Medizin benutzt man sie als Magenmittel und zur allgemeinen Anregung des Organismus.

In der Küche würzt die Muskatnuß in geriebener Form verschiedene Gebäcksorten; zu Blumenkohl oder Kartoffelbrei ist sie ebenfalls ein anregendes und gesundes Würzmittel.

> „Die Muskatnuß enthält viel Wärme. Ihre Kräfte sind gut gemischt. Sie öffnet das Herz des Menschen, reinigt seinen Sinn und gibt ihm einen klaren Verstand." (*Physica*)

Petersilie

Die Petersilie ist wohl das bei uns am meisten verbreitete und das beliebteste Gewürzkraut. Sie stammt ursprünglich aus dem östlichen Mittelmeergebiet, ist aber inzwischen in der ganzen Welt beheimatet. Meistens verwendet man die krause Petersilie, würziger ist jedoch die glatte Blattpetersilie. Beide Sorten sind im Supermarkt das ganze Jahr über frisch erhältlich, man kann sie zudem tiefgefroren kaufen oder im eigenen Garten und sogar auf der Fensterbank ziehen.

Petersilie wurde in unseren Gegenden bereits im 9. Jahrhundert angebaut und gehört zu den von Karl dem Großen für Kräutergärten empfohlenen Pflanzen. Petersilie hat eine zarte Schärfe und schmeckt ein klein wenig süßlich. Sie enthält eine ganze Reihe lebenswichtiger Wirkstoffe, beispielsweise das Provitamin A, die Vitamine B1 und B2 sowie vor allem reichlich Vitamin C. Außerdem finden sich in der Petersilie Kalium, Kalzium, Schwefel und Eisen, dazu ätherische Öle.

Die Petersilie fügt nicht nur allen Gerichten die von Hildegard als so wichtig empfohlene Grünkraft hinzu, sondern wirkt auch appetitanregend und entschlackend. Besonders ältere Menschen sollten ihre Speisen mit viel Petersilie würzen.

Sie paßt eigentlich zu allen Gerichten – zu Rohkost ebenso wie zu gekochten Mahlzeiten. Man sollte sie möglichst nicht mitkochen, weil dann ihre besten Wirkstoffe (ebenso wie beim Trocknen) verlorengehen. Also erst zum Schluß des Garprozesses hinzufügen! Petersilie gibt es das ganze Jahr über frisch oder eingefroren in den Supermärkten. Sie ist aber auch leicht im Garten oder auf der Fensterbank zu ziehen.

Hildegard über die Petersilie:
> „Am nützlichsten ist die Petersilie für den Menschen, wenn sie roh gegessen wird. Bei Erhitzung wird ihre Grünkraft beeinträchtigt." (*Physica*)

Pfeffer
Der Pfeffer ist wohl das wichtigste Welthandelsgewürz – deshalb nannte man wahrscheinlich früher die Kaufleute „Pfeffersäcke". Pfeffer enthält ätherische Öle, die ihm seine charakteristische Schärfe geben.

Hildegard von Bingen empfiehlt, den Pfeffer nur sparsam in der Küche zu verwenden. Kranke Menschen sollten lieber auf andere Würzkräuter ausweichen.
> „Der Pfeffer ist sehr warm und trocken. Er hat ein gewisses Verderben in sich und kann bei reichlichem Genuß dem Menschen schaden." (*Physica*)

Salbei
Die berühmte medizinische Schule von Salerno in Italien prägte im Mittelalter ein Sprichwort: „Wie kann jemand sterben, der Salbei im Garten hat?" Salbei ist aber nicht nur eine wirksame Heilpflanze, sondern auch ein vielseitig einsetzbares Würzkraut. Salbei enthält neben Bitterstoffen ätherische Öle, durch die sein charakteristischer Duft entsteht.

Wegen seines kräftigen Aromas sollte Salbei allerdings nur sparsam verwendet werden. Am besten kommt er zur Entfaltung, wenn man ihn kurz in Fett mitbraten läßt, beispielsweise bei Fleisch- oder Fischgerichten (Hildegard empfiehlt den Salbei ja vor allem als Füllung von fettem Geflügel). Salbei gibt es in getrockneter Form im Gewürzregal des Supermarktes, oft auch in Töpfen zu kaufen. Er läßt sich problemlos im Garten und auf der Fensterbank kultivieren.

Hildegard von Bingen schreibt über den Salbei:
„Der Salbei ist warm und trocken. Deshalb wirkt er gegen die kranken Säfte im Menschen. Roh und gekocht nützt er allen, die durch schädliche Stoffe geplagt werden, denn er neutralisiert diese. Wer pulverisierten Salbei auf Brot ißt, kann den Überfluß an schlechten Säften in seinem Inneren dadurch vermindern." (*Physica*)

Salz
Zwar ist das Salz kein Würzkraut, aber da es als Gewürz natürlich schon Hildegard von Bingen bekannt war, soll hier darauf eingegangen sein. Schließlich gehört das Salz neben dem Pfeffer zu unseren wichtigsten Würzmitteln. Empfehlenswert ist auf jeden Fall Meersalz oder Kräutersalz. Beides erhalten Sie im Reformhaus und im Naturkostladen.

Grundsätzlich sollte mit Salz jeder Art sparsam umgegangen werden, da es beispielsweise den Blutdruck erhöhen kann. Zum Würzen sollte man deshalb als Alternative oder Ergänzung zum Salz Kräuter verwenden.

Einige Überlegungen Hildegards zum Salz:
„Das Salz ist sehr warm und etwas feucht. Ißt ein Mensch ungesalzene Speisen, macht ihn dies innerlich etwas lau. Wenn er aber seine Speisen mäßig mit Salz würzt, kann ihn dieses stärken und heilen. Zu stark gesalzene Speisen sind

schädlich, denn sie trocknen den Körper aus und machen die Lunge dämpfig. Wichtig ist, daß jede Speise so gesalzen wird, daß sie ihren Eigengeschmack bewahrt und das Salz in ihr nicht gespürt wird." (*Physica*)

Süßholz

Das Süßholz wird vorwiegend im Mittelmeerraum angebaut. Aus seinem Saft wird unter anderem Lakritze hergestellt. Süßholz enthält sehr viel Rohrzucker und ist deshalb besonders gut zum Würzen von Süßspeisen geeignet. Man erhält Süßholz in der Apotheke.

Hildegard bescheinigt der Süßholzwurzel eine positive Wirkung nicht nur auf den Körper, sondern auch auf die Seele des Menschen:

> „Das Süßholz ist von gemäßigter Wärme. Auf welche Art es auch immer gegessen wird – es gibt dem Menschen eine klare Stimme, macht seinen Sinn mild, erhellt seine Augen und verschafft dem Magen eine gute Verdauung." (*Physica*)

Wegerich

Die Samen des zu den Wegerichgewächsen gehörenden Strauches *Plantago afra* werden als „Flohsamen" bezeichnet. Sie enthalten Stoffe mit mild abführender und reizmindernder Wirkung. Wenn die Flohsamen mit Flüssigkeit in Berührung kommen, quellen sie und erreichen ein Vielfaches ihres ursprünglichen Volumens. Als unverdauliche Ballaststoffe gelangen sie so in den Dickdarm und sorgen für eine ausreichende Füllung, die für einen normalen, regelmäßigen Stuhlgang notwendig ist.

Man kann die Flohsamen über eine Suppe streuen, aber auch auf einem Stück Brot essen. Dann ist es allerdings wichtig, ausreichend dazu zu trinken, damit die Samen entsprechend aufquellen können. Flohsamen erhalten Sie in der Apotheke und im Reformhaus.

Hildegard schreibt über die Wegerichsamen:

"Der Flohsamen ist von kalter Natur, allerdings in einem angenehmen Maß. Dadurch gibt er bedrückten Menschen ihre Fröhlichkeit wieder und stärkt ihr Gehirn." (*Physica*)

Ysop

Leider wird dieses Küchenkraut, das auch seiner Heileigenschaften wegen geschätzt wird, viel zu selten im Küchengarten angebaut. Dabei ist es überaus pflegeleicht und ausdauernd.

Der Ysop stammt aus dem Mittelmeergebiet und diente schon in der griechischen und jüdischen Medizin als Heilmittel, etwa gegen Lungenkrankheiten und Wassersucht. Um seine Heil- und Würzkraft voll entfalten zu können, sollte Ysop schon während des Kochens dem Essen beigegeben werden. Es sollte in keinem Fleischgericht fehlen. Wer selbst keinen Ysop anbauen kann, mag das pulverisierte Kraut verwenden. Es ist in der Apotheke erhältlich.

"Der Ysop ist von trockener Natur und gemäßigt warm. Er reinigt von dem krankhaften Schaum der Körpersäfte und ist für alle Speisen nützlich und geeignet. Gekocht ist er am nützlichsten und getrocknet und pulverisiert immer noch nützlicher als roh verzehrt. Er macht die Leber stark und reinigt auch die Lunge." (*Physica*)

Zimt

Der Zimt wächst hauptsächlich auf Sri Lanka und kann bei uns des Klimas wegen nicht kultiviert werden. In der ursprünglichen Stangenform ist er aromatischer als gemahlen.

Er enthält verschiedene natürliche Säuren, unter anderem auch den Bitterstoff Gerbsäure. Hildegard empfiehlt ihn nicht nur zur Geschmacksverbesserung, sondern auch als Kräftigungsmittel:

„Der Zimt ist sehr warm, hat große Kraft und enthält auch eine mäßige Feuchtigkeit. Allerdings ist seine Wärme so stark, daß sie die Feuchtigkeit unterdrückt. Wenn man oft Zimt ißt, werden die üblen Säfte vermindert und die guten Säfte im Körper vermehrt." (*Physica*)

Was Hildegard noch nicht kannte

NEBEN Kaffee, Kakao und zahlreichen tropischen Früchten und Gemüsen, die heute zu unserem Alltag gehören, waren Hildegard von Bingen auch einige andere Feldfrüchte unbekannt, die nicht nur für uns westliche Europäer zu den Grundnahrungsmitteln gehören: beispielsweise die Tomate, der Mais und vor allem die Kartoffel.

Kartoffeln
Die Kartoffel ist aus unserer Küche nicht mehr wegzudenken. Dabei kam sie erst vor wenigen Jahrhunderten aus Amerika zu uns. In Preußen wurde sie unter Friedrich dem Großen praktisch unter Zwang eingeführt – die Menschen hatten die grünen Früchte (also nicht die Knollen) gegessen, die natürlich hochgiftig sind. Aber sehr schnell erkannte man, wie bedeutsam die Kartoffel für die Volksernährung ist. Kartoffeln sind nämlich relativ anspruchslos, was die Bodenverhältnisse anbetrifft, außerdem lassen sich aus ihnen vielseitige, nährstoffreiche Gerichte kochen.

Kartoffeln haben einen hohen Stärkegehalt, der je nach Sorte und Standortbedingungen schwanken kann, aber meistens um die 18 Prozent beträgt. Außerdem enthalten sie Kalium und Vitamine, vor allem Vitamin C. Obwohl der Eiweißgehalt von Kartoffeln mit 2 Prozent recht niedrig ist, kommt diesem Eiweiß aufgrund seiner hohen Verdaulichkeit (über 90 Prozent) erhebliche Bedeutung zu, und es wird hinsichtlich seiner Wertigkeit dem Eiweiß von Blattgemüsen gleichgesetzt.

Mais
Der Mais wurde schon Jahrtausende vor unserer Zeitrechnung in Mexiko kultiviert. Ein Wildmais konnte durch Pollenanalyse aus einer Zeit vor 60 000 Jahren nachgewiesen werden.

Ob Hildegard – hätte sie ihn denn gekannt – den Mais als ergänzende Getreidenahrung empfohlen hätte, ist fraglich. Frische Maiskolben oder -körner sind sicherlich eine Bereicherung für unsere Küche (übrigens wächst Mais inzwischen auch in unseren Regionen, wo er meistens als Viehfutter verwendet wird). Er ist fettreich und stärkehaltig, allerdings fehlen ihm die lebenswichtigen Aminosäuren. Sein Mangel an Vitamin B kann in Gegenden, wo Mais das Grundnahrungsmittel ist, zu ernährungsbedingten Krankheiten führen.

Tomaten
Die Tomate erlangte erst Anfang des 20. Jahrhunderts Bedeutung als Nutzpflanze bei uns. Sie stammt aus Mexiko und Peru, wo sie schon in der Zeit vor der Entdeckung durch Columbus kultiviert wurde. In Europa wurde sie im 16. Jahrhundert eingeführt und wegen der vermuteten Giftigkeit ihrer Früchte zunächst nur als Zierpflanze gezogen.

Tomaten enthalten kaum Kohlenhydrate, aber reichlich Vitamin C und Vitamine der B-Gruppe, Vitamin P, das Provitamin A, mehrere Fruchtsäuren und natürlichen Zucker. Sowohl roh als auch gekocht, gedünstet oder gebraten, sind Tomaten eine gesunde Bereicherung für den Küchenzettel.

Achten Sie bei Ihrer Ernährung auf die Tageszeit!

AUCH DIE Tageszeit, zu der man Nahrung zu sich nimmt, ist durchaus nicht unwichtig. Zum einen unterliegen die einzelnen Organe unterschiedlichen Rhythmen, so daß sie zu manchen Zeiten Nahrungsmittel besser verarbeiten können als zu anderen. Zum anderen hat jeder Mensch seinen individuellen Tagesrhythmus, der sich nicht nur auf seine geistige und körperliche Fitneß bezieht, sondern zudem für seine Essenszeiten wichtig ist.

Sicher ist Ihnen das Sprichwort bekannt, daß der Mensch gesund lebt, der frühstückt wie ein König, zu Mittag ißt wie ein Bürger und dessen Abendessen eher karg wie das eines Bettelmanns ist. Diese Regel mag sicherlich für sehr viele Menschen zutreffen. Aber wenn Sie das Gefühl haben, daß Ihnen eine andere Einteilung besser bekommt, sollten Sie eher Ihrem eigenen Körpergefühl vertrauen.

Vielen Menschen widerstrebt es – nicht nur aus zeitlichen, sondern aus rein körperlichen Gründen –, schon am Morgen eine größere Mahlzeit zu sich zu nehmen. Sie begnügen sich mit Kaffee, Tee oder Saft und kommen trotzdem (oder vielleicht gerade deshalb) ohne Probleme durch den Tag. Hildegard von Bingen macht dazu eine sehr interessante Anmerkung:
> „Für einen körperlich gesunden Menschen ist es gesund und gut für die Verdauung, wenn er bis gegen Mittag auf Nahrungsaufnahme verzichtet." (*Causae et curae*)

Es ist nur natürlich, daß sich in diesem Fall der Magen im Laufe des Vormittags lautstark zu Wort meldet, obwohl man selbst kein akutes Hungergefühl registriert. Aber da der Körper kaum Verdauungsarbeit zu leisten hat, ermüdet er nicht so schnell und ist viel leistungsbereiter. Wenn das Knurren zu lästig wird, kann man es schnell mit einem Apfel, einer Möhre oder einem anderen Stück Obst oder Gemüse beruhigen. So führt man dem Körper neben wichtigen Vitaminen und Spurenelementen Ballaststoffe zu, die Magen und Darm beschäftigen, ohne belastend zu wirken.

Dies gilt allerdings nur für körperlich gesunde Menschen. Deshalb macht Hildegard die folgende Einschränkung:

"Für Kranke, Entkräftete und körperlich Schwache ist es allerdings gut und gesund, morgens zu frühstücken. So können sie die ihnen fehlenden Kräfte zumindest der Nahrung entnehmen."

Die genannten Personengruppen befinden sich letztlich in einer Art Ausnahmezustand, dem in der Ernährung Rechnung getragen werden muß.

Ein üppiges, wenn auch dem Sprichwort nach lediglich "bürgerliches" Mittagessen muß nicht unbedingt das Ideal für jeden Menschen sein. Danach ist man meistens träge und wünscht sich nichts sehnlicher als ein Mittagsschläfchen, aber gerade dies wird den meisten Menschen nicht möglich sein. Deshalb sollte das Mittagsmahl möglichst leicht ausfallen – eine Suppe oder ein Salat etwa sättigen und geben neue Energie, anstatt müde zu machen.

Das Abendessen des Bettelmanns ist ebensowenig stichhaltig. Natürlich wird ein schwerer Gänse- oder Schweinebraten uns wahrscheinlich Verdauungsprobleme und schwere Träume verursachen, wenn wir ihn spät am Abend zu uns nehmen. Andererseits ist das Abendessen in unserer Zeit meistens die einzige Gelegenheit, eine gemeinsame Mahlzeit im Familienkreis einzunehmen. Außerdem sind wir am Abend viel entspannter und können uns dem Genuß des Essens ganz anders hingeben als während des Tages. Und der Genuß gehört nun einmal unabdingbar zu einer guten Verwertung und Verdauung der Nahrung.

Hildegard von Bingen war in ihrer Position als Äbtissin eine berufstätige Frau mit vielfältigen Verpflichtungen. Offensichtlich hat auch sie erkannt, daß es durchaus angebracht ist, die Hauptmahlzeit am Abend einzunehmen. So schreibt sie:
> „Auch abends kann der Mensch dieselben Speisen essen und dieselben Getränke zu sich nehmen, die er am Tag genossen hat, wenn er dies will. Nur sollte er dann so rechtzeitig essen, daß er noch einen Spaziergang machen kann, bevor er sich schlafen legt." (*Causae et curae*)

Manche Menschen haben das Bedürfnis, noch kurz vor dem Einschlafen eine Kleinigkeit zu essen. Diesem Bedürfnis darf und sollte durchaus nachgegeben werden, denn es ist dem Einschlafen förderlich: Da durch den Verdauungsprozeß Blut aus dem Kopfbereich in die Magen-Darm-Region abgezogen wird, entsteht eine wohltuende Müdigkeit. Dasselbe gilt, wenn man nachts aufwacht: Scheuen Sie nicht den Gang zum Kühlschrank, um noch einen kleinen Bissen zu essen. Um so besser werden Sie wieder einschlafen – und durchschlafen!

Natürlich gilt auch hier wieder Hildegards Regel von der *discretio*. Man darf – etwa bei einem besonderen Festessen – schon mal ein wenig „über die Stränge schlagen". Schädlich sind unkontrollierte Eßgewohnheiten wie beispielsweise das Chips-Knabbern beim Fernsehen usw. Stellen Sie statt dessen lieber Möhren, Kohlrabischeiben und Paprikastreifen auf den Tisch!

Ernährung im Einklang mit den Jahreszeiten

HILDEGARD von Bingen war es wichtig, daß der Mensch auch in der Ernährung den Jahreszeiten folgt. Zu ihrer Zeit war kaum etwas anderes möglich – unsere modernen Treibhäuser gab es noch nicht. Und es war natürlich nicht möglich, zu allen Jahreszeiten frische Früchte und Gemüse aus anderen Ländern einzufliegen. Heute haben wir zwar alle diese Möglichkeiten – aber haben Sie es nicht auch schon festgestellt, daß der frisch geerntete Spargel, die frisch gepflückten Erdbeeren usw. ganz anders schmecken als Obst und Gemüse, das unreif geerntet ist, um den Flug oder die Schiffsreise zu überstehen?

Außerdem werden so die Früchte der Saison nicht zur Selbstverständlichkeit – sie sind etwas Besonderes, eben weil man sie nicht immer haben kann. Der erste neugestochene Spargel kann ein Fest sein, ebenso die ersten frisch gepflückten Erdbeeren. Dieses Erlebnis hat sicherlich etwas mit unserem Gaumen und unserem Magen zu tun, aber auch mit der Vorfreude, etwas genießen zu können, was es eben nur für eine begrenzte Zeit gibt. Insofern ist das Essen nicht nur Nahrung für den Körper, sondern auch für Geist und Seele.

Körperlich und seelisch sollte sich der Mensch im Einklang mit dem Kosmos befinden. Nur so kann er sein inneres und äußeres Gleichgewicht wahren – ein Bestreben, das in unserer hektischen Zeit und auf unserer durch mannigfaltige Gifte verschmutzten Erde immer schwerer zu verwirklichen ist. Eine jahreszeitlich orientierte Ernährung kann dabei durchaus hilfreich sein. Immer wieder empfiehlt Hildegard von Bingen deshalb, sich den Jahreszeiten entsprechend zu ernähren.

So warnt sie etwa davor, im Winter, wenn man sich selbst innerlich kalt fühlt, kalte Speisen zu essen.
„Dadurch zieht man sich leicht die Schwarzgalle (Melancholie) zu und erregt sie in sich." (*Causae et curae*)

Deshalb sollte man seinen gewohnten Rohkostsalat in der kalten Jahreszeit unbedingt durch eine warme Suppe – etwa auf Gemüse- oder Getreidebasis – ergänzen, denn dadurch wird nicht nur der Magen, sondern auch die Seele erwärmt. Und noch einen weiteren Rat hält Hildegard für die Winterzeit bereit, bei dem es um die Umgebung geht, in der man ißt:
„Will jemand bei großer Winterkälte essen, soll er einen Raum suchen, der weder zu warm noch zu kalt ist, und soll nur lauwarme Speisen genießen." (*Causae et curae*)

Auch für den Sommer sieht Hildegard einen Zusammenhang zwischen der jahreszeitlich bedingten Hitze und der Ernährung: Durch den Genuß sehr kalter Speisen (Eis, gekühlte Getränke usw.) kann es ihrer Erfahrung nach nicht nur zu körperlichen Erkrankungen kommen, sondern der Mensch kann dadurch auch phlegmatisch werden! Übermäßiges Essen ist im Sommer unbekömmlich – das sollte vor allem bei den beliebten Grillparties bedacht werden. Mäßig warme Speisen – im rechten Maß genossen – werden dagegen wohltun. Auch hier bewährt sich die Goldene Regel der Hildegard: in allem das rechte Maß halten zu lernen.

Kleiner Ernährungskalender
für das ganze Jahr

WENN IM folgenden bestimmte Obst- oder Gemüsesorten für bestimmte Monate angegeben sind, heißt dies durchaus nicht, daß sich deren Verzehr ausschließlich auf die genannten Monate beschränken muß. Sie können natürlich während der gesamten Wachstumssaison gegessen werden – die angegebene Zeit entspricht lediglich im besonderen Maße dem Rhythmus der Jahreszeiten. Auch bei den Rezepten handelt es sich nur um Beispiele, die Sie Ihren eigenen Vorlieben nach variieren können. Der „Kleine Ernährungskalender" soll Ihnen durch zahlreiche Rezepte für Einsteiger zeigen, wie einfach es sein kann, nach der Ernährungslehre der Hildegard von Bingen im Einklang mit den Jahreszeiten zu kochen.

Januar

Da es im Januar kaum einheimische Frischgemüse gibt, ist es sicherlich angebracht, in diesem Monat das von Hildegard am meisten bevorzugte Getreide auf den Tisch zu bringen: den Dinkel. Er ist eine Urform unseres Weizens und in unserer Zeit zu Unrecht fast vergessen.

Dinkel und Grünkern

Der Dinkel ist für unsere Ernährung sehr wertvoll (siehe unter „Dinkel", Seite 24). Bevorzugen Sie deshalb auch beim Einkauf im Bäckerladen Brot und Gebäck aus Dinkelmehl. Es ist nicht nur besonders gesund, sondern zeichnet sich auch durch einen besonders herzhaften, nußartigen Geschmack aus.
Sie können Dinkel ebenso wie Weizen zum Kochen und Backen verwenden. Das günstigste Ergebnis hinsichtlich Geschmack und Festigkeit erzielen Sie allerdings, wenn Sie ein

Drittel bis die Hälfte der angegebenen Weizenmenge durch Dinkel ersetzen.

Hildegard lobt den Dinkel immer wieder in ihren Büchern, beispielsweise in der *Physica*:

„Wenn jemand so krank ist, daß er nicht essen oder kauen kann, nehme man die ganzen Körner des Dinkels und koche sie in Wasser unter Beigabe von Fett oder Eigelb. Der Kranke wird den Dinkel wegen des besseren Geschmacks gerne essen, und der Dinkel heilt ihn innerlich wie eine gute und gesunde Salbe."

Grünkern, ein Dinkelprodukt (siehe hierzu Seite 24), hat ein besonders würziges Aroma und eignet sich deshalb vorzüglich für die Zubereitung von Suppen und Getreidegerichten aller Art.

Dinkel und Grünkern erhalten Sie im Reformhaus, in Naturkostläden und inzwischen auch in vielen Supermärkten. Sie sollten möglichst frischgeschrotete Körner verwenden, denn diese enthalten noch alle wertvollen Inhaltsstoffe. Entweder lassen Sie sich Ihr Korn im Laden schroten, oder Sie schaffen sich selbst eine Getreidemühle an – die nicht ganz billige Investition lohnt sich in jedem Fall.

Dinkelsuppe mit Gemüse

Zutaten:
2 Stangen Lauch
1 große Möhre
1/2 Sellerieknolle
100 g Dinkel
1 EL Pflanzenöl
1 l Gemüsebrühe
1/8 l Sahne
Kräutersalz und Kümmel

Zubereitung:
Die Lauchstangen in Ringe schneiden.
Möhre und Sellerie grob raspeln.
Den Dinkel grob schroten und in dem Öl andünsten.
Das Gemüse hinzugeben, kurz weiterdünsten, dann mit der Gemüsebrühe auffüllen.
Etwa 20 Minuten lang auf kleiner Flamme garen.
Die Sahne daruntergeben und mit Kräutersalz und Kümmel abschmecken.

Grünkernbratlinge

Zutaten:
200 g Grünkern
1 kleine Zwiebel
1/2 Bund Petersilie
1 Ei
1/2 TL Basilikum
1/2 TL Majoran
1 TL gekörnte Gemüsebrühe
1/2 TL Kräutersalz
60 g geriebener Käse
etwas Olivenöl

Zubereitung:
Den Grünkern mittelfein schroten und 45 Minuten lang in kaltem Wasser einweichen. Die Masse sollte danach eine zähflüssige Konsistenz haben.
Zwiebel und Petersilie hacken.
Beides zusammen mit den Kräutern, der Brühe, dem Salz und dem Käse unter die Grünkernmasse geben und Bratlinge daraus formen.
Das Öl in der Pfanne erhitzen und die Bratlinge darin goldbraun braten.

Dazu passen gut eine Kräuter- oder Tomatensoße und ein frischer Salat.

Februar

Wenn man das Glück hat, einen Garten zu besitzen, sollte man schon im Sommer für den Winter Vorsorge treffen. Da zu dieser Zeit nur wenig frisches Gemüse zur Verfügung steht, kann man dann auf getrocknete Gemüse zurückgreifen – z. B. auf weiße Bohnen.

Diese haben einen hohen Eiweißgehalt. Wer also auf tierisches Eiweiß verzichten möchte, findet hier eine geeignete Alternative. Aus weißen Bohnen lassen sich nämlich wunderbar schmackhafte Gerichte zaubern. Hier ein Rezept für Einsteiger:

Bohnensuppe mit Fenchel

Zutaten:
2 Fenchelknollen
3 EL Öl
1 1/2 l Gemüsebrühe
400 g weiße Bohnen
100 g Vollkornnudeln
200 g magerer Kräuterquark
2 TL Kapern
frisch gemahlener schwarzer Pfeffer

Zubereitung:
Die Bohnen über Nacht in kaltem Wasser quellen lassen.
Mit dem Einweichwasser eine Stunde lang kochen lassen. Abgießen.
Den Fenchel putzen, in Ringe schneiden und waschen.
Das Öl in einem Topf erhitzen und den Fenchel darin andünsten.

Die Brühe dazugeben und bei mittlerer Hitze 10 Minuten kochen.
Bohnen, Nudeln, Kapern hinzufügen.
Die Suppe noch zehn Minuten bei kleiner Hitze kochen.
Auf Teller verteilen und pro Portion einen großen Eßlöffel Kräuterquark dazugeben.
(Der Fenchel gehört zu den bevorzugten Gemüsearten Hildegards. Er ist deshalb – als auch im Winter erhältliches Frischgemüse – eine gute Ergänzung zu den getrockneten Bohnen.)

März

Im März sprießen auf Wiesen und in Gärten die ersten zarten Kräuter. Wenn es schon uns modernen Menschen, die wir das ganze Jahr über frisches Gemüse verfügen, wohltut, das Pflanzenleben wieder erwachen zu sehen – wie muß es da erst den Menschen des Mittelalters zumute gewesen sein? Für sie war das die erste Gelegenheit, nach den langen Wintermonaten endlich wieder etwas Grünes zu essen.
Für Hildegard von Bingen war die Farbe Grün in jeder Hinsicht der Inbegriff der Lebenskraft. Das gilt natürlich auch für die Ernährung. Sowohl Farbtherapeuten als auch Ernährungswissenschaftler unserer Zeit bestätigen diese Erkenntnis Hildegards.

Wildkräutersalat

Zutaten:
Blätter oder Schößlinge von wilden Kräutern, z. B. Himmelschlüsselblätter, Gänseblümchenblüten, Veilchenblüten, Sauerampfer, Feldsalat, Löwenzahn, Minze, Brunnenkresse
Für die Marinade:
gutes Salatöl
Zitronensaft oder milder Obstessig

Pfeffer und Salz
1 EL feingehackte Petersilie
1 EL in feine Röllchen geschnittener Schnittlauch
1 TL Senf

Zubereitung:
Aus den für die Marinade angegebenen Zutaten in einer großen Schüssel die Salatsoße so lange schlagen, bis sie cremig ist.
Dann alle sorgfältig geputzten und gewaschenen Salatkräuter nach gründlichem Abtropfen vorsichtig untermischen.
Varianten:
Streuen Sie ein feingehacktes hartgekochtes Ei über den Salat.
Übergießen Sie den Salat mit frisch ausgelassenen Schinkenspeckwürfeln und dem Bratfett.
Streuen Sie geröstete Brotwürfel (Croûtons) über den Salat.

In den März (bzw. April) fällt auch das Osterfest – das große christliche Fest der Auferstehung. In vielen Familien ist es Tradition, das Osterlamm zu essen. Dabei ist vielen Menschen der religiöse Hintergrund gar nicht mehr gegenwärtig: die Erinnerung an das Lamm Gottes (Christus), das sein Blut und sein Leben für die Menschen hingab, oder wenn man noch weiter zurückgeht an das Passah-Lamm der Juden.
Oft ist der Grund, gerade um diese Zeit Lammfleisch zu essen, sehr viel profaner: Das Fleisch der jungen Lämmer, die Anfang des Jahres geboren wurden, ist besonders zart und mager. Feinschmecker bevorzugen es „pré-salé" (soviel wie: auf natürliche Art vorgesalzen). Dieses Fleisch stammt von Schafen, die an der Meeresküste geweidet wurden, beispielsweise an der Nordsee oder in der Normandie. Es gibt eine Vielzahl von köstlichen Lammfleischgerichten, auf die in einem späteren Band ausführlich hingewiesen wird.

April

Nachdem der März uns die ersten frischen Wildkräuter gebracht hat, können wir im April schon den ersten Gartensalat – entweder aus dem Frühbeet oder, in guten Jahren, vom Gartenbeet – ernten.

Für Hildegard ist die Zubereitung des Salats besonders wichtig, weil er sonst eher schädlich als tauglich ist. Das begründet sie in ihrer *Physica* folgendermaßen:

„Unzubereitet gegessen kann er das Gehirn leer machen, dagegen den Magen-Darm-Trakt mit Krankheitsstoffen angreifen. Salat sollte deshalb mit Dill, Essig und Knoblauch abgeschmeckt werden, so daß er vor dem Essen noch genügend Zeit hat, sich mit diesen Würzstoffen zu durchtränken. Ißt man ihn so zubereitet, dann stärkt er das Hirn und macht eine gute Verdauung."

Uns stehen heute viele hervorragende Würzmittel für Salate zur Verfügung, die wir nicht einmal mühsam selbst herstellen müssen – wie es etwa zu Hildegards Zeit der Fall war –, sondern die wir in bester Qualität fertig kaufen können.

Die beiden wichtigsten Zutaten für eine wirklich gute Salatsoße sind Essig und Öl. Dabei sollten Sie unbedingt auf die beste Qualität achten – nicht nur der gesundheitliche Nutzen, sondern auch der Wohlgeschmack lohnen diesen Aufwand!

- Essig: Hier empfehlen sich vor allem Himbeeressig und Balsamico, die den Salaten eine ganz besonders edle Geschmacksnote verleihen. Aber auch ein guter Obstessig ist geeignet.

- Öl: Dadurch wird der Salat noch bekömmlicher, allerdings sollten Sie nur kaltgepreßte Öle verwenden, in denen noch alle wertvollen Inhaltsstoffe enthalten sind. Besonders empfehlenswert ist neben Olivenöl und Distelöl das etwas teurere, aber besonders schmackhafte Walnußöl.

Für Fischfreunde ist der April ebenfalls ein besonderer Monat, denn in dieser Zeit werden viele leckere Fische gefangen. Da die – fleischlose – Fastenzeit manchmal bis in den April hinein dauerte, war Fisch in vergangenen Zeiten eine willkommene Abwechslung zu Mehlspeisen und Eiergerichten.

Hecht „grün"

Zutaten:
750 g frischer Hecht
1 Bund Suppengrün
1 Zwiebel
3 EL Butter
2 EL Mehl
1/8 l Sahne
1 Eigelb
3 EL gehackte Kräuter (Dill, Petersilie, Schnittlauch, Kerbel)
Zitronensaft
1/2 l Fischfond oder Fleischbrühe
eine Prise Zucker

Zubereitung:
Die Butter erhitzen, das Mehl darin hellgelb anschwitzen lassen.
Die Brühe darunterrühren.
Die gewürfelte Zwiebel und das feingeschnittene Suppengrün sowie etwas Salz dazugeben.
Den Hecht ausnehmen, waschen, innen und außen gründlich mit Salz abreiben (so löst sich der Schleim) und in Portionsstücke schneiden. Junge Hechte mit der Haut in die Soße geben, ältere Fische vorher abziehen.
Die Fischstücke bei sanfter Hitze in der Soße 15 bis 20 Minuten garen lassen, dann mit einem Schaumlöffel herausnehmen.
Das Eigelb mit etwas kaltem Wasser verrühren und unter die Soße ziehen.

Mit Zitronensaft und einer Prise Zucker abschmecken und mit den Kräutern verrühren.

Variante:

Dieses Rezept eignet sich auch für Aal (von dem Hildegard allerdings abrät), Zander und Schleie.

Mai

Auch der Mai bringt uns eine Fülle des lebenskräftigen und kräftigenden Grüns, das Hildegard so schätzt und auch für die Ernährung empfiehlt. Die vielen Heilkräuter, die in dieser Zeit gesammelt werden können (Löwenzahn, Brennesseln, Wegerich, Weißdorn, Holunder und viele andere mehr), sind nicht nur eine Bereicherung für unsere Hausapotheke, sondern können auch unseren Küchenzettel variieren. Gerade die sogenannten Unkräuter sind dabei am wohlschmeckendsten.

Brennesselsuppe

Zutaten:

1 EL Butter oder Margarine
1 kleine Zwiebel
250 g gewaschene feingehackte Brennesselblätter
1 l Gemüsebrühe
1 EL Tomatenmark
1 TL frischer oder getrockneter Oregano
Salz und Pfeffer

Zubereitung:

Das Fett in einem Topf schmelzen lassen und die feingehackte Zwiebel darin andünsten.

Die Brennesselblätter dazugeben und unter Rühren einige Minuten dünsten.

Mit der Brühe aufgießen, den Oregano und das Tomatenmark darunterrühren und das ganze 10 Minuten lang auf kleiner Flamme köcheln lassen.
Varianten: Rühren Sie nach dem Servieren nach Belieben etwas Sahne in die Suppe, oder bestreuen Sie sie mit gerösteten Brotwürfeln (Croûtons).

Holunderblütenkaltschale

Zutaten:
300 g frisch gepflückte Holunderblüten
1/4 l Milch
100 Zucker oder Honig
3 Eigelbe
1 Prise geriebener oder gemahlener Ingwer

Zubereitung:
Die Blüten vorsichtig, aber gründlich waschen, um die oft winzig kleinen Insekten zu entfernen.
Die Stiele abschneiden.
Die Milch aufkochen und die Blüten kurz darin ziehen lassen, dann durch ein Sieb abseihen.
Den Zucker, die in etwas kaltem Wasser verrührten Eigelbe und den Ingwer dazugeben.
Bis zum Servieren kalt stellen, aber nicht eiskalt essen.
Hübsch als Dekoration ist eine kleine Holunderblüte in jedem Suppenteller.

Juni

Juni ist der Monat, in dem alle zarten Sommergemüse in Fülle auf den Markt kommen oder im Garten zu ernten sind. Dazu gehören vor allem Erbsen und Möhren.

Während Hildegard bei den Erbsen einige Vorbehalte hat, weil sie bei anfälligen Menschen möglicherweise die Lunge verschleimen, und sie deshalb nur gesunden Menschen „von warmer Natur" empfiehlt, lobt sie die Möhre:

„Die Mohrrübe ist eine Erquickung für den Menschen. Weder nützt noch schadet sie seiner Gesundheit, aber sie füllt den Bauch." (*Physica*)

Am wichtigsten aber ist für Hildegard der Fenchel, den sie neben Dinkel und Kastanien uneingeschränkt allen Gesunden und Kranken empfiehlt. Sie können Fenchel auch roh zubereiten – beispielsweise als Salat (in Italien ißt man Fenchelknollen wie bei uns Äpfel) –, aber es gibt auch viele andere köstliche Zubereitungsarten.

Fenchelgemüse

Zutaten:
3–4 Fenchelknollen
1/2 l Gemüsebrühe
für die Soße:
1/2 l Gemüsebrühe
2 Ecken Sahneschmelzkäse
2 EL gemahlene Haselnüsse
1 Knoblauchzehe
2 EL trockener Weißwein
2 TL Zitronensaft
etwas frisch geriebene Muskatnuß
1 EL feingehackte Kräuter (Petersilie, Schnittlauch, Dill, Basilikum usw.)

Zubereitung:
Die Fenchelknollen waschen, putzen und halbieren. Das Fenchelgrün aufheben.
Die Gemüsebrühe aufkochen lassen und den Fenchel darin bißfest garen (etwa 15 bis 20 Minuten).
Die Fenchelhälften auf einer feuerfesten Platte im Backofen warm stellen.

Die Gemüsebrühe (am besten verwenden Sie dafür die Kochflüssigkeit, in der Sie den Fenchel gegart haben) erhitzen, den Käse und die geriebenen Nüsse kräftig darin verquirlen.
Den Knoblauch schälen und zerdrücken und mit dem Wein und dem Zitronensaft zur Soße geben.
Mit den Gewürzen abschmecken und die Kräuter dazugeben.

Juli

In ihrem großen Werk *Physica* macht Hildegard von Bingen verschiedene sehr wichtige Anmerkungen zum gesundheitlichen Wert der gerade in diesem Monat reif werdenden Früchte wie Himbeeren, Johannisbeeren und Kirschen (siehe im Kapitel „Die Lebensmittel der Hildegard-Küche" unter „Früchte", Seite 49 und Seite 50).

> „Der Gichtbaum (so nennt Hildegard die Johannisbeere) ist sehr warm. Für sich allein sind die Früchte nicht so gut zu gebrauchen, deshalb sollte man sie mit anderen Beeren mischen. So bekommen sie einen höheren Nutzwert als Heilmittel." (*Physica*)

Am besten ist es natürlich, alle diese köstlichen Früchte frisch zu genießen – direkt vom Baum oder Strauch. Aber es lassen sich auch leckere Gerichte daraus zaubern und vor allem natürlich vitaminreiche Vorräte für den Winter. Dazu gibt es in dem Band *Küche aus der Natur* eine Fülle von Rezepten.

August

Die katholische Kirche feiert am 15. August einen im Zusammenhang mit Hildegards Erkenntnissen zur Medizin und Ernährungslehre sehr wichtigen Festtag: Mariä Himmelfahrt. Dieser Tag ist traditionell einer der besten Tage, um Kräuter zum Trocknen zu sammeln – nicht nur die Teekräuter, sondern auch die ebenso heilsamen Würzpflanzen wie Majoran, Thymian, Salbei usw. Sorgen Sie für den Winter vor, indem Sie sich einen köstlich duftenden Kräutervorrat anlegen!

Ein in Hildegards Ernährungslehre besonders bevorzugtes Gemüse wird in diesem Monat ebenfalls reif: der Kürbis.

Kürbisbrot

Zutaten:
3 EL Honig
2 EL Pflanzenfett
50 g Rohrzucker
50 g Mandelsplitter
50 g Rosinen
200 g fein geriebener Kürbis
175 g Vollkornmehl (am besten eine Dinkel-Weizen-Mischung)
2 TL Backpulver
1 TL Salz
Zimt
Orangensaft

Zubereitung:
Die Zutaten nacheinander zu einem zähflüssigen Teig verrühren.
Eine Kastenform fetten und den Teig hineingeben.
Bei 200 Grad 45 Minuten backen.

September

Obwohl im September das von Hildegard von Bingen so gerühmte Grün langsam verblaßt und in die goldenen Farben des Herbstes übergeht, hält dieser Monat doch eine Frucht bereit, die – zumindest in Norddeutschland – in der Ernährung viel zuwenig verwendet wird: die Edelkastanie.

Vermicelles (Kastanienpüree)

Zutaten:
1 kg Eßkastanien
1/2 l Milch
1 Prise Salz
1 EL Honig
1 Vanilleschote
1/4 l Sahne
1 TL Honig

Zubereitung:
Die Kastanien auf der runden Seite kreuzweise einschneiden.
Im vorgeheizten Backofen erhitzen, bis die Schale sich entfernen läßt.
Die Schalen ablösen und die Kastanien in kochendes Wasser legen, bis sich auch die Innenhaut lösen läßt.
Die Kastanien in Milch mit Salz, Honig und der aufgeschlitzten Vanilleschote etwa 20 Minuten weich kochen.
Durch den Fleischwolf drehen. (Natürlich können Sie auch den Pürierstab verwenden, aber dann erhalten Sie nicht die würmchenförmigen Vermicelles.)
Die Sahne mit Honig und – nach Belieben – mit etwas gemahlener Naturvanille steif schlagen und zu den Vermicelles reichen.

Oktober

Der Oktober gibt uns schon den Vorgeschmack des Herbstes, aber auch eine reiche Ernte an Früchten und Gemüsen und – nicht zu vergessen – die Weinlese. Der Wein spielt in der Heilkunde wie in der Ernährungslehre der Hildegard von Bingen eine sehr wesentliche Rolle – allerdings soll auch er mit *discretio* genossen werden. Es gibt zahlreiche Hinweise und Rezepte

für Gesunde und Kranke in Verbindung mit Wein, auf die in dem Band *Gesundheitsfibel* ausführlich eingegangen wird.
Im Oktober wird eine Frucht reif, die Hildegard besonders schätzt: die Quitte.
Der bittere Geschmack ist möglicherweise nicht jedermanns Sache, läßt sich aber mildern und verfeinern, so daß auch „süße Zungen" auf ihre Kosten kommen und den geschmacklichen und gesundheitlichen Wert der Quitte genießen können.

Quittenkompott

Zutaten:
1 kg Quitten
1 l Wasser
1 Zimtstange
einige Gewürznelken
Zucker nach Belieben

Zubereitung:
Die Quitten waschen und trockentupfen. Braune Stellen aus der Schale entfernen.
Die Früchte achteln und das Kerngehäuse entfernen.
In einem Liter Wasser, dem die Gewürze hinzugefügt sind, auf kleiner Flamme etwa 45 Minuten dünsten. Dann mit Zucker nach Belieben süßen.

November

Nun beginnt die dunkle Zeit, die bei vielen Menschen zu Depressionen führt. Die Tage sind kurz geworden, draußen ist es kalt und ungemütlich. Viele traurige Gedenktage vertiefen diesen Gemütszustand noch: Allerseelen, Volkstrauertag, Buß- und Bettag.

Hildegard von Bingen aber ist der Meinung, daß nur ein fröhliches Herz Gott in der rechten Weise dienen kann und daß nur ein Mensch mit einem heiteren, ausgeglichenen Gemüt auch körperlich gesund sein kann. Dazu schreibt sie in ihrem Buch *Causae et curae*:

> „Wenn ein Mensch unter großer Trauer leidet, soll er ausreichend bekömmliche Speisen zu sich nehmen. So wird er durch die Nahrung neu belebt."

Vor allem empfiehlt sie zwei wärmende, gemütsaufhellende Gewürze, die den Menschen von innen und außen durchwärmen können: Ingwer und Muskatnuß.

Ingwercreme

Zutaten:
500 g Magerquark
4 EL Sahne
3 EL Honig
4 EL Orangensaft
die abgeriebene Schale von zwei kleinen Orangen (unbehandelt)
3–4 TL geriebener frischer Ingwer
4 Eiweiß

Zubereitung:
Den Quark mit der Sahne cremig rühren.
Den Honig und den Orangensaft darunterrühren.
Die Orangenschale dazugeben.
Die Quarkcreme nach Geschmack mit Ingwer würzen.
Die Eiweiße steif schlagen und darunterheben.

Wichtig:
Alle Gewürze haben nicht nur eine geschmackliche, sondern auch eine gesundheitliche Wirkung. Dies gilt besonders für die exotischen Würzpflanzen Muskat und Ingwer. Gerade diese

sollten deshalb in Maßen – also mit der von Hildegard empfohlenen *discretio* – genossen werden.

Dezember

Jahreszeitlich gesehen ist der Dezember zwar der dunkelste Monat des Jahres. Aber gerade jetzt warten wir auf das schönste und leuchtendste Fest: Weihnachten. Deshalb heißt diese Zeit auch Advent, Zeit der Erwartung. Ein Weihnachtsfest in unserem modernen Sinn – mit Tannenbaum, Bescherung usw. – gab es zu Hildegards Zeit noch nicht. Aber die Jagdsaison brachte eine Bereicherung des Speiseplanes: das fettarme, eiweißreiche Wildfleisch.

Dieses empfiehlt Hildegard von Bingen nicht zuletzt wegen seiner gesundheitlich wertvollen Eigenschaften. Es ist nicht nur für den gesunden Menschen eine wertvolle Alternative zu Haustierfleisch, sondern gerade auch für Kranke. So schreibt sie in ihrer *Physica*:
   „Hirschfleisch sollte warm, aber nicht heiß gegessen werden, dann reinigt es den Magen und macht ihn leicht."
Die moderne Ernährungswissenschaft bestätigt diese Erkenntnis. Deshalb sollten Sie die Wintersaison nutzen, um – beispielsweise für die Feiertage – ein Wildgericht auf den Tisch zu bringen.

Hirschragout mit Essigpflaumen

Zutaten:
750 g Hirschfleisch ohne Knochen (aus der Schulter oder aus der Keule)
200 g kleine Zwiebeln
Butter und Öl zum Braten
1 kleines Stückchen Zimtrinde
3 Pimentkörner

1 Gewürznelke
Salz und Pfeffer
1 Lorbeerblatt
3/8 l Rotwein
1 Spirale Zitronenschale (unbehandelt)
50 g gehackte Haselnüsse
1/4 l süße Sahne
4 Quitten
8 Essigpflaumen

Zubereitung:
Am Vortag die Pflaumen in Würzessig und Zucker marinieren.
Die Quitten vierteln und vom Kernhaus befreien, in Rotwein und Wasser weich kochen.
Das Hirschfleisch in grobe Würfel schneiden.
Das Fett im Bräter erhitzen.
Die geschälten und geviertelten Zwiebeln darin von allen Seiten anbräunen, herausnehmen.
Das Fleisch in den Bräter legen, kräftig anbraten, salzen und pfeffern.
Zwiebeln, Gewürze, Rotwein und die Nüsse hinzugeben, erhitzen und im Backofen bei 180 Grad etwa 80 Minuten lang schmoren lassen.
Den Bratenfond abgießen, durchseihen und mit der Sahne zusammen cremig einkochen, abschmecken und wieder zum Fleisch geben.
Abgetropfte Quitten und Pflaumen dazugeben und mit dem Ragout erwärmen.
Dazu passen Spätzle.

Welche Getränke empfiehlt Hildegard von Bingen?

EINE AUSREICHENDE Flüssigkeitszufuhr ist für die Gesundheit des Menschen noch wesentlich wichtiger als eine ausreichende Ernährung. Man kann ohne feste Nahrung wesentlich länger überleben als ohne Flüssigkeit. Das liegt daran, daß der Körper – beispielsweise beim Fasten – auf seine eigenen Fettreserven zurückgreifen kann. Da der Mensch aber zum größten Teil aus Wasser besteht, droht ihm schon nach wenigen Tagen ohne Flüssigkeitszufuhr der Tod aufgrund von Austrocknung.

Der Mensch braucht pro Tag etwa drei Liter Flüssigkeit – darin enthalten sind Suppen und das in Obst und Gemüse enthaltene Wasser. Die meisten von uns nehmen viel zuwenig Flüssigkeit zu sich. Sie können dies leicht feststellen, indem Sie Ihre Trinkgewohnheiten während eines Tages beobachten. Kinder haben noch ein gutes Gespür, wieviel sie trinken müssen – als Erwachsene sind wir oft erstaunt über ihren enormen Flüssigkeitsbedarf. Leider geht dieses Gespür im Laufe des Lebens verloren, und gerade ältere Menschen trinken meistens viel zuwenig. Das führt nicht nur zu einer Austrocknung der Haut, sondern kann auch ernsthafte organische Schäden – etwa im Nieren- und Blasenbereich – verursachen.

Besonders geeignet ist ein gutes, natriumarmes Mineralwasser, um den täglichen Flüssigkeitsbedarf zu decken. Ergänzend dazu können Obst- und Gemüsesäfte und natürlich Kräutertees getrunken werden. Mit letzteren lassen sich gleichzeitig die verschiedensten Beschwerden lindern – beispielsweise Verdauungsprobleme, Schlaflosigkeit, Erkältungskrankheiten und vieles mehr. Darauf wird ausführlich in den Bänden *Gesundheitsfibel* und *Pflanzen- und Kräuterkunde* eingegangen.

Die Wichtigkeit einer ausreichenden Flüssigkeitszufuhr unterstreicht Hildegard von Bingen in ihrem Buch *Causae et curae*:
„Wenn der Mensch beim Essen nicht trinken würde, würde er geistige und körperliche Beschwerden bekommen und weder eine gute Blutflüssigkeit bilden noch eine gute Verdauung haben. Trinkt er aber beim Essen übermäßig viel, verursacht er bei seinen Körpersäften eine schlimme, stürmische Überschwemmung, so daß die guten Säfte in ihm ihre Wirkung verlieren."

Im Gegensatz zu Hildegard empfehlen viele moderne Ernährungswissenschaftler, zu den Mahlzeiten nicht zu trinken – damit die Nahrungsmittel besser eingespeichelt und damit besser verdaut werden können. Es ist sicherlich nicht unbedingt nötig, zu einer warmen Mahlzeit, bei der Suppe oder Gemüse ohnehin schon Wasser enthalten, noch etwas zu trinken. Bei einer Mahlzeit, die vorwiegend aus Brot besteht, können Tee, Saft, Milch usw. aber durchaus angebracht sein. Und zu einem Festessen trinkt man natürlich auch gern ein Glas Wein oder Bier.

Neben verschiedenen Kräutertees und dem Absud von Obst und Gemüse mißt Hildegard nämlich vor allem dem Wein und dem Bier auch heilende Eigenschaften zu.

Wein

Erst in neuester Zeit haben Forscher auch wissenschaftlich bestätigt, daß ein Gläschen Wein vielen Erkrankungen vorbeugend entgegenwirken kann – z. B. Durchblutungsstörungen und Kreislaufschwäche. Auch dem Herzinfarkt und der Arteriosklerose kann ein Glas Wein vorbeugen. Außerdem wirkt es appetitanregend und verdauungsfördernd.

Wichtig ist es, keine billigen, sondern möglichst naturbelassene Weine zu trinken. Und genauso wie die modernen Ernährungsforscher rät auch Hildegard von Bingen von den schweren, edlen Weinen ab. Sie empfiehlt, wenn man diese Weine schon trinkt – etwa bei einem Festessen oder bei einer anderen besonderen Gelegenheit –, etwas Wasser darunterzumischen (oder dazu zu trinken) oder trockenes Brot dazu zu essen (was jeder Weinkenner ebenfalls empfiehlt). Für gesundheitsfördernd und heilsam hält sie die schweren Weine jedenfalls nicht. Statt dessen empfiehlt sie in ihrem Werk *Causae et curae* leichte Landweine, besonders die aus dem Hunsrück:

> „Hunsrücker Wein braucht man nicht auf diese Weise zu mischen, weil er nicht so stark ist. Wenn jedoch jemand Wasser dazugießen oder Brot eintauchen und dann trinken will, ist er auf jeden Fall angenehmer zu trinken, aber nicht unbedingt gesünder."

Hildegard schreibt zudem, daß der Wein das Blut der Erde und in der Erde wie das Blut des Menschen sei. Deshalb heile und erfreue der Wein den Menschen mit seiner Wärme und Kraft.

Bier

Die heilsame Wirkung des Biers ist modernen Ernährungswissenschaftlern ebenfalls bekannt. Bier regt die Harntätigkeit an und beugt deshalb Prostatabeschwerden vor. Durch seinen Hopfengehalt sorgt es für einen gesunden Schlaf. Es gibt nicht umsonst viele berühmte Klosterbrauereien – genauso, wie viele berühmte Weine, nicht zuletzt der Champagner, in Klosterkellereien gekeltert wurden.

Über das Bier schreibt Hildegard in *Causae et curae*:
> „Bier macht das Fleisch des Menschen stark und gibt dem Gesicht aufgrund der Kraft und des guten Saftes des Getreides eine schöne Farbe."

Natürlich gilt besonders und gerade für die alkoholischen Getränke wie Bier und Wein Hildegards Regel von der *discretio*. Nur wer das rechte Maß zu halten versteht, wird von der Heilkraft dieser Getränke profitieren können.

Auch das Fasten gehört zu einer gesunden Ernährung

Die meisten Religionen kennen die Fastenzeiten, in denen sich nicht nur der Körper, sondern auch die Seele von vielem irdischen Ballast befreien kann. Während des Mittelalters war die Zeit vom Ende des Karnevals (*carne vale* heißt ja nichts anderes als „Fleisch ade!") bis Ostern eine Periode, in der zumindest kein Fleisch genossen wurde. Die Mohammedaner essen während ihres Fastenmonats Ramadan erst abends, wenn die Sonne nicht mehr scheint – was für viele unserer ausländischen Mitbürger nicht leicht ist, da der Ramadan sich jedes Jahr verschiebt und so auch in unsere Sommerzeit fallen kann, wo die Dunkelheit nur kurz anhält.

Es gibt zudem das ganz strikte Fasten, wobei überhaupt keine feste Nahrung aufgenommen wird. Dies muß nicht unbedingt aus religiösen Gründen geschehen, sondern viele Menschen führen eine solche Fastenzeit einfach für ihre Gesundheit durch. Wichtig ist dabei vor allem, daß man das Fasten nicht als Strafe, sondern als Chance ansieht und ausreichend Flüssigkeit zu sich nimmt – mindestens drei Liter am Tag, am besten in Form von Mineralwasser, Kräutertee, Obst- und Gemüsesäften.

Hildegard von Bingen möchte selbst beim Fasten die *discretio* gewahrt wissen. Sie spricht sich ganz entschieden gegen ein unvernünftiges Fasten aus:

„Wenn manche Menschen auf übertriebene Weise sich des Essens enthalten und ihrem Körper dadurch nicht die richtige Stärkung geben und wenn sie außerdem noch an schwerwiegenderen Krankheiten leiden, kann es vorkommen, daß in ihrem Körper eine heftige Unruhe entsteht, weil die Elemente gegeneinander aufgebracht werden." (*Liber divinorum operum*)

Wer also eine Fastenzeit plant, sollte möglichst vorher mit seinem Arzt besprechen, ob sein Organismus diese Belastung überhaupt aushalten kann, ohne Schaden zu nehmen. Gesunden Menschen schadet es nicht, einen Tag, eine Woche, ja bis zu einem Monat zu fasten. Es kommt zwar zu körperlichen Veränderungen durch die Ausscheidung von Giften (beispielsweise Körpergeruch), aber insgesamt wird das Ergebnis des Fastens nur positiv sein. Mehr dazu erfahren Sie in dem Band *Heilendes Fasten*. Dort werden ausführlich die Bedingungen und Möglichkeiten einer Fastenzeit, die Körper und Seele erfrischt, erläutert.

Hildegard von Bingen – Kurzbiographie

1098 Hildegard wird als zehntes Kind einer in Bermersheim (bei Alzey) ansässigen Adelsfamilie geboren.

1106 Schon als Kind wird sie einer Klausnerin zur Erziehung übergeben. Bereits zu dieser Zeit hat sie ihre ersten Visionen.

1136 Hildegard, inzwischen Benediktiner-Nonne, wird Äbtissin.

1141 Sie beginnt unter dem Eindruck einer großen Vision mit der Niederschrift eines ihrer Hauptwerke, *Scivias* (Wisse die Wege), in dem sie eine eigene Anthropologie und Theologie entwickelt.

1150 Hildegard gründet das Kloster Rupertsberg bei Bingen.

1151 Sie beginnt die Abfassung der großen naturwissenschaftlichen Schrift *Physica* und der Heilkunde *Causae et curae*.

1158/1161 Während dieser Zeit ist Hildegard viel auf Reisen, um öffentlich zu predigen.

1179 Hildegard stirbt in dem von ihr gegründeten Kloster Rupertsberg.

Register

Aal 68
Abendessen 92
Ananas 45
Apfel 45

Bärenfleisch 60
Banane 15, 45
Barsch 68
Basilikum 72, 73
Beifuß 73
Bertram 74
Bier 116, 117
Birne 45
Blut 22, 23
Bohnen 30, 100
Bohnenkraut 72
Brennessel 42, 105
Brombeere 47
Brot 11, 28
Brunnenkresse 42
Butter 72

Causae et curae 17
China 26

Datteln 56
Depressionen 57, 111
Diabetiker 50
Dill 75
Dinkel 24, 97
discretio 8, 17, 18, 93
Dost 75

Eier 69, 70
Eiweiß 33, 70

Elchfleisch 60
Elemente 22
Ente 65
Erbsen 31
Erdbeeren 9, 95
Erde 22
Eselfleisch 61
Essig 103
Eßkastanie 57

Fasten 65, 119
Fast food 19
Feige 58
Fenchel 32, 76, 107
Fenchelknollen 107
Feuer 22
Fisch 68, 104
Fleisch 58
Forelle 68
Frosch 61
Früchte 45
Frühstück 91

Galle 22
Gans 65
Gebet 20
Geflügel 65
Gefühle 15
Gemüse 29
Gerste 25
Getreide 24
Gewürze 11
Gewürznelken 77
Gicht 11, 59
Glaube 15

Grünkern 24, 98
Gundelrebe 43
Gurken 33

Hafer 26
Hagebutten 48
Haselnuß 48
Hasenfleisch 62, 113
Hecht 104
Hering 68
Himbeere 49
Hirschfleisch 62, 113
Hirse 26
Holunder 49, 105, 106
Honig 70
Huhn 67

Indien 26
Ingwer 77, 112

Jahreszeiten 95
Johannisbeeren 108

Käse 72
kalt 8
Kaninchenfleisch 62
Karpfen 69
Kartoffel 89
Kastanien 110
Kerbel 78
Kichererbsen 34
Kirschen 50
Klosterküche 12
Klostermedizin 82
Königshöfe 11
Kohl 34
Knoblauch 78
Körper und Seele 15, 95
Kräuter 101

Kröte 61
Kümmel 79
Kürbis 35, 109

Lachs 68
Läuse 82
Lamm 102
Liebstöckel 80
Löwenzahn 105
Luft 22
Lymphe 23

Mais 89
Majoran 72
Mandeln 51
Mangold 38
Margarine 72
Maulbeere 51
Medizin, jüdische 87
Meerrettich 81
Melde 43
Melisse 82
Mexiko 90
Milch 12, 71
Mineralwasser 115
Mispel 52
Mittagessen 91, 92
Möhren 35
Mohn 82
Muskatnuß 83

Naschen 93
Nelken 11
Niederwild 62
Nüsse 48, 108

Öl 103
Olive 52

Orange 45
Ostern 102

Papaya 45
Pastinaken 36
Peru 90
Petersilie 83
Pfeffer 11, 84
Pferdefleisch 61
Physica 17
Pilze 36
Positives Denken 15

Quark 80
Quitte 53, 111

Reformhaus 29
Rehfleisch 63
Rettich 37
Rindfleisch 63
Römer 11, 38, 40, 55, 82
Roggen 27
Rosmarin 72
Rote-Bete 38

Safran 11
Salat 38
Salbei 84
Salz 85
Sauerampfer 44
Sauerkraut 34
Schadstoffe 36, 62
Schaffleisch 64
Schlafstörung 82, 95
Schlehen 54
Schleim 22
Schwan 11
Schwarzgalle 96
Sellerie 39

Spargel 95
Strauß 11
Süßholz 86
Süßkirsche 50
Supermarkt 29, 45

Tageszeit 91
Taube 67
Tee 32
Thymian 72
Tomate 89, 90
Trauben 55

Vegetarier 58, 59
Vitamine 26, 27, 28, 48

Wacholderbeeren 72
Walnuß 54
warm 8
Wasser 22
Wegerich 86, 105
Weihnachten 113
Wein 110, 116
Weintrauben 55
Weißdorn 105
Weizen 28
Wels 68
Wild 62, 113
Wildgemüse 41
Wildkirsche 50
Wildkräuter 101
Würzkräuter 73

Ysop 87

Ziegenfleisch 65
Zimt 11, 87
Zucker 70
Zwiebeln 40

GESUNDHEITSRATGEBER

Heidelore Kluge

Hildegard von Bingen

Ernährungslehre ◆ Dinkelkochbuch

Frauenheilkunde ◆ Mond und Sonne

Edelsteintherapie ◆ Gesundheitsfibel

Pflanzen- und Kräuterkunde

Heilendes Fasten ◆ Schönheitspflege

Küche aus der Natur

MOEWIG